부자
아빠 의
21세기 형
비즈니스

THE BUSINESS OF THE 21ST CENTURY
by Robert T. Kiyosaki

RICH ✦ DAD.

로버트 기요사키

존 플레밍, 킴 기요사키

안진환 옮김

부자
아빠
의

21세기형
비즈니스

네트워크 마케팅이
미래를 보장해 주는 여덟 가지 이유

ROBERT T. KIYOSAKI
WITH JOHN FLEMING AND KIM KIYOSAKI

민음인

차례

3부   **당신의 미래는 지금 시작된다**
           네트워크 마케팅 사업의 성공적인 출발에 필요한 것

인생의 기로에 서 있는 독자들에게, 최근의 경제 위기 앞에서 자신의 재정적 미래를 지킬 방법을 몰라 무력감을 느끼고 있을 독자들에게 이 책을 바친다. 그렇게 보이지 않을지도 모르지만 지금은 여러분이 미래에 대한 통제권을 되찾을 최적의 시기다. 나는 사람들에게 재정적 자유를 획득하는 방법을 가르치는 일에 평생을 바쳐 왔고, 이 책은 다른 『부자 아빠』 시리즈가 그러했듯 앞으로 여러분이 부를 창출하고 유지하는 데 필요한 통찰력을 제공할 것이다. 일단 돈의 흐름에 대한 원리와 21세기에 거머쥘 수 있는 비즈니스 기회를 깨닫고 나면, 여러분은 갈망하던 삶을 일궈 나갈 수 있을 것이다.

감사의 말

먼저 나의 아내 킴의 끊임없는 사랑과 지원에 감사하며, 내가 전 세계 수많은 독자에게 재정 교육의 메시지를 전할 수 있도록 도와준 '부자 아빠' 팀의 멤버들에게도 감사를 전한다.

또한 네트워크 마케팅에 대한 귀중한 통찰력을 제공해 준 존 플레밍, 그리고 책의 완성에 힘을 보태 준 비디오플러스(VideoPlus)의 스튜어트 존슨과 리드 빌브레이, 그 밖의 여러 스태프들에게 고마움을 표한다.

마지막으로 이번 프로젝트에 기술과 열정을 더해 준 존 데이비드 맨과 J. M. 에머트에게 감사를 전하고 싶다.

21세기형
비즈니스로의 초대

경제는 지독히도 불안하게 흔들리고 있고 사람들의 일자리는 위기에 처했다. 그나마 여전히 출근할 곳이 있는 사람들의 일자리 말이다. 나는 이런 이야기를 오래전부터 해 오고 있다.

사람들은 대부분 글로벌 금융 붕괴를 계기로 그런 사실을 절감했다. 하지만 이 책은 모든 것이 나락으로 떨어지게 된 이유를 탐구하려는 책이 아니다. 이 나쁜 뉴스가 어떻게 좋은 뉴스로 변신할 수 있는지 알려 주는 책이다. 당신이 이 상황에서 무엇을 해야 할지 깨닫기만 한다면 말이다.

나는 두 사람에게 비즈니스를 배웠다. 한 명은 고학력의 고위 공무원이었던 내 친아버지이고, 다른 한 명은 중학교 중퇴의 학력에 자신의 힘만으로 백만장자가 된 내 친구의 아버지이다. 내 아버지는 평생 재정 문제로 고생하다가 긴 세월의 노고에 비해 남은 것도 없이 돌아가셨다. 반면 내 친구의 아버지는 하와이 최대 갑부 중 한 명이 되었다.

나는 이 두 분을 나의 '가난한 아버지'와 '부자 아버지'로 생각했다. 나는 친아버지를 매우 사랑하고 존경했으며, 할 수 있는 한 많은 사람들이 그분이 경험한 불명예와 실패를 겪지 않도록 도와야겠다고 결심했다.

집에서 독립한 뒤 나는 온갖 경험을 다 해 보았다. 해병대의 헬리콥터 조종사가 되어 베트남 전쟁에 참전했다. 제록스에 입사해 형편없는 세일즈맨으로 출발해서 4년이 지난 뒤에는 최고의 세일즈맨이 되어 퇴사했다. 제록스를 나온 후 수백만 달러 규모의 국제적 사업을 몇 가지 펼쳤고, 47세에 은퇴한 후에는 나의 열정을 실행에 옮길 수 있게 되었다. 평범한 삶과 우울한 퇴직에 안주하는 대신 자신이 꿈꾸는 부와 인생을 구축하는 방법을 사람들에게 가르치는 일이었다.

1997년에 나는 내 경험을 담은 소소한 책을 한 권 썼다. 그리고 그 책이 적어도 일부 독자들의 공감을 이끌어 낸 것만은 분명하다. 나의 첫 번째 저서 『부자 아빠 가난한 아빠』는 《뉴욕타임스》 베스트셀러 목록의 상단을 장식했고 4년 이상 그 자리를 지켰다. 그리고 "사상 최고의 비즈니스 베스트셀러"로 소개되어 왔다.

그 이후 나는 『부자 아빠』 시리즈를 지속적으로 펴냈다. 각각의 책은 조금씩 다른 주제에 초점을 맞췄지만 근본적으로는 모두 첫 책과 같은 메시지를 전달하며, 지금 당신이 손에 든 이 책의 핵심 메시지

역시 그와 동일하다.

"당신의 재정을 스스로 책임져라. 그렇지 않으면 평생 남의 지시만 받으며 살게 된다. 당신은 돈의 주인이 될 수도, 노예가 될 수도 있다. 결과는 당신의 선택에 달렸다."

내 인생에는 끝내주는 행운이 따랐다. 진정한 부를 구축하는 방법을 일깨워 준 경험과 멘토가 함께했으니 말이다. 덕분에 나는 다시는 일을 할 필요가 없는 완전한 은퇴를 할 수 있었다. 그전까지는 가족의 미래를 대비하기 위해 일을 했다. 하지만 은퇴 이후에는 '다른 사람들'의 미래를 창조하는 일을 돕고 있다.

지난 10년 동안 나는 21세기를 살아가는 사람들이 진정한 부를 쌓는 법을 배워 삶을 변화시킬 수 있는 가장 효과적이고 실용적인 방법을 찾기 위해 전력투구했다. 그동안 『부자 아빠』 시리즈를 통해 내 파트너들과 나는 다양한 종류 및 형태의 사업과 투자 활동을 소개했다. 그런데 그간의 집중적인 조사와 연구를 통해 나는 특정한 비즈니스 모델 한 가지를 발견했다. 이것은 많은 사람들이 자신의 경제적 삶과 미래, 그리고 운명에 대한 통제권을 획득할 수 있다는 가장 강력한 전망을 약속하는 모델이다.

한 가지 더. 내가 말하는 '진정한' 부는 단지 돈만 가리키는 것이 아니다. 돈은 일부일 뿐 전부가 아니다. 진정한 부를 쌓는다는 것은 '쌓는 대상'뿐만 아니라 그것을 '쌓는 사람'에 대한 것이기도 하다.

이 책에서 나는 자신만의 사업을 구축해야 하는 이유와 정확하게 어떤 종류의 사업을 택하는 것이 좋은지 알려 줄 예정이다. 하지만 이는 단순히 현재 몸담고 있는 사업의 종류를 바꾸는 일에 대한 이야기가 아니다. 당신 자신을 변화시키는 문제와도 관련된다는 얘기다. 나는 당신에게 딱 맞는 사업을 육성하는 데 필요한 것을 찾는 법을 알려 주고자 한다. 하지만 당신의 사업을 키우고 싶다면, 당신 역시 성장해야 한다.

21세기형 비즈니스 세계에 입성한 것을 환영한다.

1부

미래를
스스로 지배하라

나만의 사업을
해야 하는 이유

Chapter 1

불안의 시대,
견고한 미래를
원한다면?

우리는 어수선한 시대를 살고 있다. 지난 몇 년간 미국 전역의 뉴스 헤드라인과 기업 회의실, 가정에는 끊임없이 충격과 두려움의 분위기가 감돌았다. 세계화, 아웃소싱, 다운사이징, 자산 압류, 서브프라임 모기지 및 신용 부도 스와프, 금융 사기, 월스트리트 실패, 경기 불황…… 우울한 뉴스가 꼬리에 꼬리를 물고 모습을 드러냈다.

2009년 초 몇 달 동안 미국 기업의 해고 규모는 매월 약 25만 명에 달했다. 그해 말 실업률은 10.2퍼센트를 넘어섰고 불완전 고용(고용 상태는 유지하고 있지만 근무시간과 급여가 현저하게 축소된 상태) 비율은 그보다 더 심각했다. 일자리 감소가 심각한 파급 효과를 발생시켜 여기에 영향을 받지 않는 사람은 거의 없었다. 기업 중역과 중간 관리자부터 일반 사무직과 블루칼라 노동자, 금융업 종사자, 소매점 판매원에 이르기까지 모든 이들이 위태로워졌다. 심지어 일자리 걱정 없는 분야로 여겨지던 의료 업계마저 상당한 노동력 삭감이 단행되었다.

2008년 가을, 수많은 사람들이 갖고 있던 은퇴 포트폴리오의 가치가 한순간에 절반 혹은 그 이상이 날아가 버렸다. 부동산은 붕괴했다. 사람들이 견고하고 믿을 만한 자산이라고 '생각했던' 것들이 수증기에 불과했다는 사실이 드러났다. 안정된 직업이란 지나간 과거의 존재물이 되었다. 2009년 《USA 투데이》가 실시한 여론조사 결과, 미국인의 60퍼센트가 당시의 경제 상황을 인생 최대의 위기로 여기는 것으로 드러났다.

물론 당신은 이 모든 것을 이미 알고 있다. 하지만 당신이 모를 수도 있는 사실이 여기 있다. '그 모든 것이 사실은 새로운 뉴스가 아니라는 것'이다. 중대한 경제 위기로 인해 사람들이 자신의 생계가 위험에 처했음을 깨닫기 시작한 것은 분명하다. 그러나 당신의 수입은 하루아침에 위험해진 것이 아니다. 그것은 '항상' 위협을 받고 있었다.

2009년 《USA 투데이》가 실시한 여론조사 결과, 미국인의 60퍼센트가 당시의 경제 상황을 인생 최대의 위기로 여기는 것으로 드러났다.

대부분의 미국인들이 오랫동안 지불능력과 파산 사이의 아슬아슬한 경계선에서 살아왔다. 매월 생활비를 충당하기 위해 다음 한두 달의 월급에 의존하며, 안전장치가 될 만한 현금 저축은 아주 적게 하거나 또는 전혀 하지 않은 채 말이다. 그와 같은 봉급은 '당신의 시간과 맞바꾼 돈'이며 경제가 불황에 접어들면 '가장 미덥지 못한' 수입원이 된다. 왜일까? 고용 인구가 감소하기 시작하면 근로자들의 가용 수입도 줄어들고 그에 따라 소비 역시 줄어들어 다시 근로자들의 수입 감소로 직결되기 때문이다.

내가 말하지 않았던가

이런 말은 하지 않으려고 했지만, 내가 전에 말하지 않았던가!

나는 수년 전부터 이 이야기를 반복해 왔다. 이제 더 이상 안전하고 안정적인 직장은 없다. 미국 경제계는 지난 세기의 공룡이 되어 멸종 위기에 떨고 있으며, 당신이 진정으로 안정된 미래를 보장받을 유일한 길은 당신 스스로 미래를 지배하는 것이다.

『부자 아빠의 비즈니스 스쿨』에서 나는 다음과 같이 썼다.

미국을 비롯한 수많은 서구 국가에 곧 금융 재앙이 닥칠 것이다. 이는 학생들에게 적절하고 현실적인 금융 교육 프로그램을 제공하지 못한 교육 시스템의 실패에 기인한다.

책이 출간된 그해, 나이팅게일 코넌트(Nightingale-Conant) 사와의 인터뷰에서 나는 다음과 같이 이야기했다.

만약 뮤추얼 펀드가 믿을 만한 수입원이라고 생각한다면, 만약 요동치는 주식

시장의 기복에 인생을 걸고자 한다면, 그것은 당신의 은퇴 후 삶을 건 도박이다. 만약 주식시장이 활황을 맞았다가 당신이 여든다섯 살이 되었을 때 무너져 내린다면 어떻게 될까? 당신은 그런 상황에서 어떤 통제력도 발휘하지 못한다. 뮤추얼 펀드가 무조건 나쁘다는 얘기가 아니다. 나는 그저 뮤추얼 펀드가 안전하지도 않고 완벽하지도 않으며, 따라서 나라면 내 재정 미래를 그것에 걸지 않겠다는 얘기를 하는 것이다.

역사상 그 어느 때보다도 많은 사람이 주식시장에 자신의 은퇴 후 삶을 의존하고 있다. 그것은 정신 나간 짓이다. 사회보장제도가 당신을 영원히 지켜 줄 것이라고 생각하는가? 차라리 부활절 토끼를 믿는 편이 낫다.

또 2005년 한 인터뷰에서 나는 이렇게 말했다.

명목 자산이 가진 최고의 강점은 유동성인데 이는 동시에 최악의 약점이기도 하다. 또다시 시장 붕괴가 발생하여 우리를 나락으로 떨어뜨릴 것이라는 사실을 우리 모두가 잘 알고 있다. 알면서 왜 같은 실수를 하려는 것인가?

그래서 무슨 일이 벌어졌던가? 또다시 시장 붕괴가 발생했고 많은 사람이 나락으로 떨어졌다. 왜일까? 습관과 사고방식을 바꾸지 못했기 때문이다.

1971년 미국 경제는 금본위제를 폐기했다. 이는 의회의 승인 없이 이루어진 사건이었으나 어쨌든 중요한 점은 금본위제가 폐기되었다는 사실 자체다. 이것이 중요한 이유는 무엇일까? 그 후 우리는 달러를 원하는 만큼 마음대로 찍어 낼 수 있게 되었다. 그리고 그 돈은 직접 손으로 만질 수 있는 진짜 가치와 더 이상 연계되지 않았다.

이는 역사상 최대의 경기 호황을 불러왔다. 이어지는 35년간 미국의 중산층이 폭발적으로 증가했다. 달러 가치가 떨어지고 부동산 및 여타 자산들의 장부상 가치가 과도하게 부풀어 오르면서 평범한 사람들이 백만장자가 되었다. 순식간에 누구에게든, 언제든, 어디서든 신용거래가 허용되면서 우후죽순처럼 신용카드가 발급되기 시작했다. 미국인들은 신용카드 대금을 지불하느라 주택 융자와 재융자를 거듭 활용하며 자신의 집을 마치 현금지급기처럼 사용하기 시작했다. 어쨌거나 부동산의 가치는 언제나 '오르기만' 하니까 말이다. 내 말이 맞는가?

아니, 틀렸다. 2007년까지 우리는 이 금융 열기구가 수용할 수 있는 최대치까지 뜨거운 공기를 주입했다. 그 후 환상은 땅바닥으로 곤두박질쳐 깨지고 말았다. 몰락한 것은 리먼브라더스와 베어스턴스뿐만이 아니었다. 수많은 사람들이 401(k) 퇴직연금과 여타의 연금, 그리고 일자리를 잃었다.

제너럴모터스가 미국 최강의 기업으로 추앙받던 1950년대에 언론은 GM 회장의 발언을 취하여 이후 수십 년간 유행한 슬로건을 만들어 냈다. "GM이 가는 대로 미국도 따라간다(As GM goes, so goes the nation)." 글쎄, 이는 반드시 좋은 얘기는 아닌 것 같다. 2009년 GM은 파산 보호를 신청했으니 말이다. 또 같은 해 여름 캘리포니아 주는 현금을 사용하는 대신 차용증(IOU)을 발행하여 재정난 타개를 모색했다.

현재 집을 소유한 미국인의 비율이 감소하고 있다. 주택 압류율은 전대미문의 높은 수준이며 중산층 가정의 숫자는 줄어들고 있다. 저축 계좌가 축소되고 가계 부채는 날로 쌓여 간다. 빈곤선(최저 생활 수준 유지에 필요한 수입 수준) 이하의 인구가 급격히 증가하고 있으며 65세 이상 노동인구도 늘어나고 있다. 파산을 선언하는 사람들의 숫자가 나날이 급증하고 있다. 그리고 수많은 미국인이 은퇴를 하기엔 턱없이 부족한 재정 상태를 유지하고 있다.

이 암울한 소식들에 정신이 번쩍 드는가? 물론 그럴 것이다. 그리고 당신 혼자만 그런 것도 아니다. 마침내 대중이 안일한 태도에서 벗어나기 시작했다. 다행이 아닐 수 없다! 당신은 환상에서 깨어나 눈앞의 현실을, 결코 아름답지 않은 현실을 확인했다. 이제 우리는 더욱 심도 있는 관찰을 통해 현재 상황에 담긴 진정한 의미를 이해해야 한다. 더불어 당신이 모색해야 할 방향도 말이다.

새로운 세기

내가 어렸을 때 우리 부모님 역시 당신이 배운 것과 똑같은 성공 공식을 가르쳤다. 학교에 빠지지 마라, 공부 열심히 해라, 좋은 성적을 받아라, 그래야 안정적이고 연봉 높은 훌륭한 직장을 구할 수 있다. 그런 다음에는 직장이 다 알아서 해 줄 것이다.

하지만 그것은 산업화 시대의 사고방식이고, 우리는 더 이상 산업화 시대에 살고 있지 않다. 직장이 다 알아서 해 주지 '않는다'. 정부가 알아서 챙겨 주지도 '않을' 것이다. 당신을 알아서 보살펴 줄 사람은 '아무도' 없다. 지금은 새로운 세기이며 게임의 규칙은 바뀌었다.

우리 부모님은 안정적 직장과 회사의 연금, 사회보장제도, 메디케어(Medicare: 미국의 고령자 의료보험제도)를 신뢰했다. 이것들은 모두 지난 시대의 유물로 남은 낡고 진부한 아이디어다. 오늘날 안정적 직장이란 우스갯소리에 불과하며, 한 직장에서 평생 일한다는 생각(IBM이 전성기에 자랑스럽게 고수하던 이상이다.) 자체가 수동 타자기만큼이나 시대착오적인 것으로 간주된다.

많은 미국인이 401(k) 퇴직연금은 안전하다고 생각했다. "이봐요, 우량주와 뮤추얼 펀드가 든든하게 존재하는데 잘못될 일이 뭐가 있겠습니까?" 그러나 '모든 것'이 잘못될 수 있다는 사실이 밝혀졌다. 한때 신성시되던 젖소가 더 이상 우유를 제공하지 못하게 된 이유는 연금, 안정적 직장, 퇴직 소득 보장 같은 것이 모두 시대에 뒤처진 개념으로 변했기 때문이다. 이것들은 산업화 시대에 걸맞은 발상이다. 지금은 정보화 시대이므로 이 시대에 걸맞은 사고방식이 필요하다.

다행히도 많은 사람이 귀를 열고 배우기 시작했다. 고통과 어려움을 겪은 후에야 교훈을 뼈저리게 느낀다는 사실은 유감스럽지만, 어쨌든 적어도 이제는 깨닫고 있다. 중대한 위기(닷컴버블 붕괴, 9·11 테러로 인한 경제적 후유증, 2008년 금융 위기, 2009년 경기 불황)를 경험할 때마다 더욱 많은 이들이 구식 안전망은 이제 더 이상 믿을 만하지 않다는 사실을 깨닫고 있다.

기업 신화는 끝났다. 기업의 승진 사다리를 기어오르느라 수년을 보내는 동안 잠시 멈춰서 눈앞의 풍경을 확인한 적이 있는가? 무슨 풍경일까? 당신 앞에서 사다리를 올라가는 사람의 엉덩이 말이다. 그것이 바로 당신이 좇고 있는 것이다. 남은 인생도 그런 풍경을 쳐다보면서 살고 싶다면 이 책은 별 도움이 되지 않을 것이다. 그러나 남의 꽁무니나 쳐다보며 사는 일에 진절머리가 난다면, 이 책을 끝까지 읽어 나가기 바란다.

다시는 속지 마라

내가 이 글을 쓰는 지금도 실업률은 여전히 오르고 있다. 당신이 이 글을 '읽을' 때쯤이면, 혹시 아는가, 그 사이에 상황이 변할지? 그러나 속지 말아야 한다. 고용률과 부동산 가치가 회복되고 대출이 완화되더라도(물론 그렇게 될 것이다.), 애초에 당신과 세상 사람 모두를 혼란에 빠뜨린 예전의 그 가짜 안정성에 또다시 속아 안도해서는 안 된다.

2008년 여름, 휘발유 가격이 갤런당 4달러를 돌파했다. SUV 판매량이 돌덩이가 가라앉듯 침몰했고 사람들은 순식간에 소형차 및 하이브리드 시류에 탑승했다. 하지만 그다음 무슨 일이 일어났는지 떠올려 보라. 2009년 휘발유 가격이 갤런당 2달러 이하로 떨어졌다. 그러자 맙소사, 사람들은 또다시 SUV를 구매하기 시작했다!

이게 무슨 짓인가? '정말로' 연료 가격이 낮고 안정적인 상태를 유지할 것이라고 생각한단 말인가? 낮은 휘발유 가격이 영원히 지속될 것이기에 기름 먹는 하마를 사는 일이 완벽한 사리 판단의 결과라고 믿는단 말인가? 정말 그토록 근시안적인 사고를 할 수 있을까?(점잖은 표현을 찾느라 애쓴 게 이 정도다. 원래 '쓰려고 했던' 단어는 "멍청한 사고"였다.)

안타깝게도 대답은 '예스'다. 우리는 한 번 속는 데서 그치지 않는다. 스스로를 다시, 또다시 속게 내버려 둔다. 우리는 모두 '개미와 베짱이' 이야기를 들으며 자랐으면서도 대다수 사람들은 베짱이 수준의 통찰력으로 삶을 꾸려 나간다.

뉴스 헤드라인에 흔들리지 마라. 나만의 인생 설계라는 중대한 과업을 방해하며 주의를 흩뜨리는 어리석은 풍문들은 언제나 있기 마련이다. 그것은 단지 소음일 뿐이다. 테러리즘이든, 경기 불황이든, 선거와 관련된 스캔들이든, 그것은 당신이 미래를 설계하기 위해 오늘 실천해야 할 일과 아무런 관계도 없다.

대공황 시절에도 큰돈을 벌어들인 사람들이 있었다. 그리고 최대의 경기 호황 때도, 이를테면 1980년대 부동산 붐이 일었던 시기에도 수많은 사람이 자신의 미래에 대한 책임을 경시하고는(앞으로 이 책에서 소개하는 내용을 무시했던 사람들이다.) 경제난으로 허덕이거나 파산에 이르는 결말을 맞았다. 그들 중 대부분은 사실 지금도 여전히 허덕이거나 파산에서 헤어 나오지 못하고 있다.

문제는 경제가 아니다. 문제는 바로 '당신'이다.

기업 세계의 부정부패에 분노를 느끼는가? 상황이 이 지경에 이르도록 방치한 월스트리트와 대형 은행에 분노를 느끼는가? 정부가 지나치게 많은 실수를 하고 적절한 조치는 충분히 취하지 않았다는 사실에 화가 나는가? 더 빨리 경제에 대한 통제권을 손에 넣지 못한 스스로에게 화가 나는가?

인생은 만만치 않다. 이제 던져야 할 질문은 이것이다. 그래서 당신은 어떻게 할 작정인가? 불평과 한탄은 미래를 보장해 주지 않는다. 월스트리트나 대형 은행, 경제계 전반, 또는 정부를 탓하는 행동도 마찬가지다.

견고한 미래를 원한다면 스스로 그것을 창조해야 한다. 미래에 대한 지배력은 '수입의 원천'을 지배할 때에야 비로소 얻을 수 있다. 당신은 당신만의 사업을 가져야 한다.

Chapter 2

위기 해결의
열쇠

2009년 7월 13일 《타임》 2면에 "로버트 기요사키에게 던지는 열 가지 질문"이라는 제목의 기사가 실렸다. 그 질문 가운데 하나는 이 것이었다. "이처럼 요동치는 혼란스러운 경제 상황에서 새로운 회사 를 설립할 기회가 있다고 보십니까?"

내 머릿속에 처음 떠오른 대답은 "물론이지요!"였다. 나는 이렇게 답했다.

지금이 최고의 호기입니다. 경제가 좋지 않은 시기에 진정한 사업가가 두각을 드러내는 법입니다. 진정한 사업가들은 시장이 호황이든 불황이든 신경 쓰지 않습니다. 그들은 더 나은 제품과 프로세스를 창출하지요. 누군가가 "아, 지금 은 기회가 많지 않아요."라고 말한다면, 그것은 그가 '루저'라는 의미입니다.

우리는 지금껏 경제에 대한 나쁜 뉴스를 끔찍이도 자주 접해 왔다. 이제 좋은 뉴스를 들을 준비를 하시기를. 사실은 나쁜 뉴스가 곧 좋은 뉴스이다. 내가 《타임》에 했던 이야기를 들려주겠다. "경기 불황기야말로 당신만의 사업을 시작할 최적기이다." 경제가 침체기를 맞으면 기업가 정신은 겨울 밤 장작불을 지핀 난로처럼 열기를 내뿜기 시작한다.

Q: 마이크로소프트와 디즈니 왕국의 공통점은 무엇일까? 둘 다 엄청나게 성공한 수십억 달러 규모의 사업체이며 널리 이름이 알려졌다는 사실을 제외하고 말이다.

A: 두 기업 모두 불경기에 설립되었다.

실제로 다우존스산업평균지수를 구성하는 기업 중 절반 이상이 불경기에 사업을 시작했다.

이유는? 간단하다. 경제가 불안한 시기에 '사람들이 더 많은 창의력을 발휘하기 때문'이다. 그들은 안전지대를 박차고 나와 생계를 잇기 위해 주도적으로 무언가에 착수하기 시작한다. 미국의 전통적인 기업가 정신이 활발하게 꽃피는 것이다. 상황이 힘들어지면 강인한 자들이 움직여 힘을 발휘하는 법이다.

일단 새로운 기회를 태동시키는 시장은 경제가 어려운 시기에 무르익는다. 2005년 무렵 주택 가치가 치솟고 어디서나 신용 거래가

가능하던 시절 배를 곯는 사람은 아무도 없었다. 사람들은 부른 배를 두드리며 안정을 즐겼고, 수입을 얻을 대안적인 수단을 애써 찾는 이는 거의 없었다. 종업원들은 고용주의 재정 안정성이나 자신에게 해고 통지서가 날아들 가능성에 대해 걱정하지 않았다.

그러나 이제 해고가 만연하고 모든 사람이 미래를 걱정하는 시대가 되었다. 수많은 사람들이 자신의 재정 상태를 냉정하게 재평가하고 있으며, 의지할 만한 안정적인 미래를 원한다면 반드시 차선책을 마련해야 한다는 사실을 깨닫고 있다. 요즈음 사람들은 그 어느 때보다도 추가 수입원을 찾는 데 혈안이 되어 있으므로 새로운 길이나 수단 앞에서 더 수용적이고 개방적인 태도를 취한다.

사실 이런 태도는 최근의 경제 붕괴가 발생하기 '이전에도' 목격되었다. 1980년대 이래로, 특히 21세기에 접어든 후로 자신의 경제 미래를 스스로 지배하려는 적극적인 움직임이 고조되었다. 2007년 미국 상공회의소는 「21세기 미국의 일과 기업가 정신, 그리고 기회 *Work, Entrepreneurship and Opportunity in 21st Century America*」라는 제목의 보고서에 이렇게 적었다. "수백만 미국인들이 기업가 정신을 발휘하여 자신만의 소규모 사업체를 운영하고 있다."

나는 경제학자는 아니므로 이쯤에서 훌륭한 경제학자인 폴 제인 필저의 이야기를 잠깐 소개하겠다.

미국 성인의 72퍼센트가 직장생활보다는 스스로 사업을 하고 싶어 하며, 67퍼센트가 '주기적으로' 또는 '항상' 퇴직을 고민한다는 사실이 밝혀졌다.

폴은 시티은행의 사상 최연소 부회장을 지낸 후 금융계를 떠나 스스로 사업을 시작하여 커다란 부를 쌓았다. 그는 《뉴욕타임스》 베스트셀러 여러 권을 저술했고, 저축대부조합(Savings & Loan) 위기를 예측했으며, 두 대통령 밑에서 경제 고문으로 활약한 바 있다. 이런 인물의 말이라면 귀를 기울여 볼 가치가 있지 않겠는가.

폴은 직업 경력의 본질과 관련한 문화적 가치관이 180도 변화하고 있는 현상을 지적한다. 기업에 속한 종업원으로서 경력을 쌓는 전통적인 구조가 기업가 정신을 토대로 한 진로 개척에 자리를 내주는 상황이 그것이다. 그는 이렇게 말한다.

"20세기 후반을 지배한 전통적인 가르침은 학교에서 훌륭한 교육을 받고 대기업에 들어가 일하라는 것이었습니다. 스스로 사업을 시작한다는 생각은 대개 위험하다고 여겨졌습니다. 칭찬할 만한 도전이긴 하지만 위험하다고 말입니다.…… 약간은 정신 나간 생각으로 취급되기도 했지요. 하지만 이제는 상황이 완전히 달라졌습니다."

그의 말이 맞다. 앞서 언급한 미국 상공회의소 보고서에는 갤럽의 여론조사 결과도 포함되었는데, 그에 따르면 미국인의 61퍼센트가 자신만의 사업 운영을 선호한다고 응답했다. 또한 프레즈노에 있는 리서치 회사 디사이퍼(Decipher)의 조사 결과, 미국 성인의 72퍼센트가 직장 생활보다는 스스로 사업을 하고 싶어 하며 67퍼센트가 '주기적으로' 또는 '항상' 퇴직을 고민한다는 사실이 밝혀졌다.

이는 그저 '생계 유지' 때문만이 아니다. 여기에는 '삶의 질'을 높이고 싶은 욕구도 한몫을 한다. 사람들은 삶에 대한 통제력을 높이고 싶어 한다. 가족과 더 많은 시간을 보내기를, 자신의 시간을 직접 통제하기를, 재택근무를 할 수 있기를, 운명을 스스로 결정하기를 원한다. 디사이퍼의 조사에 따르면, 응답자의 84퍼센트가 자신의 사업을 한다면 일에서 지금보다 더 큰 열정을 발휘할 것이라고 답했다. 자기 사업을 원하는 가장 큰 이유는? "일에 더욱 열정적으로 임하고 싶어서."였다.

우리는 지금 안정된 직장이라는 20세기의 신화가 무너져 내리는 광경을, 오래도록 행복하고 만족스러운 삶을 사는 길은 직장에 들어가 다른 누군가를 위해 일하는 것이라는 통념이 부서지는 현실을 목격하고 있다.

고용 신화

사람들은 대부분 어딘가에 고용된 상태를 정상적인 것이라고 믿도록 세뇌되어 있다. 그러나 이런 사고방식은 역사적으로 '정상적'이라고 여겨진 것과 거리가 멀며, 피고용이란 개념 자체도 사실상 상당히 최근에 나타났다.

농경시대에 사람들은 대부분 사업가였다. 물론 그들은 왕의 땅에서 일하는 농부였지만 왕이 고용한 사람은 아니었다. 그들은 왕에게서 봉급을 받지 않았다. 오히려 그 반대였다. 농부들은 왕의 땅을 이용하는 대가로 세금을 바쳤다. 이런 농부들은 사실상 소규모 사업을 통해 생계를 유지하는 사업가였던 셈이다. 서양의 옛사람들은 푸줏간 주인이나 제빵사, 촛대 제조업자였고 가문 대대로 직업을 물려주었다. 지금의 우리에게 익숙한 성(姓)들이 그것을 보여 준다. 예컨대 '스미스(Smith)'는 마을의 대장장이, '베이커(Baker)'는 제과점 주인, '파머(Farmer)'는 농부의 집안, '테일러(Taylor)'는 재단사, '쿠퍼(Cooper)'는 통 제조업자를 뜻하는 성이다.

그러다가 시간이 흘러 산업화 시대에 이르러서야 새로운 수요가 생겨나기 시작했다. 바로 피고용인에 대한 수요였다. 이에 따라 정부는 대중 교육이라는 과업을 떠맡아 프로이센 식의 엄격한 규율 시스템을 도입했으며, 오늘날까지도 대다수 서구 사회의 학교가 그런 시스템을 모델로 삼고 있다.

65세 정년퇴직이라는 개념이 어디에서 나왔는지 궁금하게 여긴 적이 있는가? 내가 알려 주겠다. 바로 1889년 프로이센의 지도자 오토 폰 비스마르크로 인해 생겨난 것이다. 사실 비스마르크가 처음에 정년퇴직 연령으로 규정한 것은 65세가 아니라 70세였지만(나중에 65세로 낮아졌다.), 그것은 별로 중요하지 않다. 65세 이상 고령자에게 연금 지급을 약속하는 일은 비스마르크 정부에 그다지 큰 경제적 리스크가 아니었다. 당시 프로이센 사람의 평균 수명은 약 45세에 불과했기 때문이다. 오늘날은 많은 사람이 80대 내지는 90대까지 살기 때문에 그런 연금을 약속한다면 연방 정부는 다음 세대가 끝나기도 전에 파산할지 모른다.

프로이센 교육 시스템 이면에 깔린 목적은 사실 주어진 지시와 명령에 성실하게 따르는 군인과 피고용인들을 키워 내는 것이었다. 프로이센 시스템은 피고용인을 대량 생산하기 위한 것이었다.

1960년대와 1970년대 미국에서 IBM 같은 대기업들은 '평생 고용'을 직업 안정성의 절대 기준으로 만들었다. 그러나 IBM이 최대 고용을 달성한 1985년 이후, 기업에 취직해 안정적이고 믿을 만한 고용 상태를 유지한다는 개념은 서서히 힘을 잃어 왔다.

"GM이 가는 대로 미국도 따라간다."

반세기가 지난 지금 GM 앞에 놓인 길은 그다지 순조롭지 않다. 그렇다면 이는 곧 미국의 파멸을 의미하는가? 그렇지 않다. 파멸 위기를 맞은 것은 따로 있다. 바로 직장 생활의 안정성과 (은퇴 후를 위한) 40년 계획이라는 신화다.

사업가적 열정

직장에 고용되어 일하는 것이 나쁘다는 얘기가 아니다. 내가 말하고 싶은 것은 그것이 소득을 창출하는 한 가지 방법에 불과하다는, 그것도 매우 제약이 많은 방식에 불과하다는 사실이다. 지금 많은 사람이 이러한 사실에 눈뜨고 있다. 삶에서 진정 원하는 것을 얻기 위한 유일한 방법은 사업가의 길에 들어서는 것임을 깨닫는 것이다.

이런 관점을 견지하는 사람은 나 혼자만이 아니다. 무하마드 유누스라는 이름을 들어 보았는가? 그는 『가난한 사람들을 위한 은행가

Banker to the Poor』의 저자이며, 제3세계 사업가들을 위한 소액대출을 통해 빈곤 퇴치에 기여한 공로로 2006년 노벨평화상을 수상했다. 유누스는 말한다. "누구나 사업가가 될 수 있습니다. 그러나 많은 이들이 그 사실을 발견할 기회를 찾지 못하고 있습니다."

유누스가 이런 말을 한 것은 2007~2008년 경기 불황이 시작되기 '이전'이었다. 그리고 경제 위기에 대한 나쁜 뉴스가 여기저기서 들려오기 시작한 이후 점점 더 많은 사람이 유누스가 말한 것과 같은 기회를 찾기 위해 적극적으로 움직이고 있다.

> 사업가적 열정이 도처에서 발산되기 시작했다. 경기가 침체되면 사업가적 활동은 오히려 열기를 띠기 때문이다. 사실 사업가들은 오히려 불황기에 번성하며 꽃을 피울 수 있다.

사업가적 열정이 도처에서 발산되기 시작했다. 경기가 침체되면 사업가적 활동은 오히려 활기를 띠기 때문이다. 사실 사업가들은 오히려 불황기에 번성하며 꽃피울 수 있다. 경제적으로 불안정한 시대가 되면 우리는 수입을 창출할 다른 통로들을 모색한다. 고용주에게 삶을 전적으로 의지할 수 없다는 사실을 깨닫고 우리 자신에게 시선을 돌리기 시작하는 것이다. 이제 안락한 공간을 박차고 나가 수입 창출을 위해 창의력을 발휘할 순간이 온 것은 아닌지 진지하게 고민하기 시작한다.

미 연방준비제도이사회의 조사에 따르면 사업가들의 평균 가계순자산은 전통적인 봉급생활자들의 가계순자산의 다섯 배라고 한다.

이는 사업가들이 심각한 타격을 입지 않고 현재의 침체기를 극복할 가능성이, 심지어 과거보다 더 강인해질 가능성이 다섯 배나 높다는 의미다. 그들은 '자신만의 탄탄한 경제 활동'을 구축해 놓았기 때문이다.

최근의 한 설문조사에 따르면, 미국의 대다수 유권자들이 현재의 경제 위기를 해결할 열쇠로서 기업가 정신을 꼽았다. 설문조사의 총괄 책임자는 이렇게 말했다.

"침체에 빠진 경제에 활력을 불어넣는 방법은 새로운 기업과 기업가 정신이라는 사실을 역사는 반복적으로 증명해 보였습니다."

백번 옳은 말이다.

어쩌면 위와 같이 대답한 미국의 대다수 유권자들은 실제로 움직여 무언가를 시작할지도 모른다. 가능한 일이다. 정말 그러리라고 크게 기대하지는 않지만 말이다. 그러나 내가 지금 초점을 맞추고 싶은 것은, 기업가 정신을 통해 활력을 되찾는 모습을 보고 싶은 것은 바로 침체에 빠진 '당신의' 경제 상황이다.

작금의 상황은 우리들 대다수에게 경제적 시련을 안겨 주고 있지만, 일부 사업가들(즉 이 책에서 내가 설명할 내용을 충분히 열린 태도로 받아들이는 사람들)은 요즘과 같은 힘든 시기에도 커다란 경제적 잠재력을 발견할 수 있다. 지금은 당신 자신의 사업을 시작하기에 그 어느 때보다 최적의 시기다.

앞서 말했듯이 상황이 힘들어지면 강인한 자들이 움직여 힘을 발휘한다. 그리고 만약 그것이 사실이라면 이제 던져야 할 질문은 두 가지다.

첫째, 당신은 진심으로 강인해질 준비가 되었는가?

여기에 "그렇다."고 대답했다면, 둘째, '무엇을' 할 것인가?

나는 첫 번째 질문에 당신을 대신해 대답할 수는 없지만, 두 번째 질문에 대한 '정확한' 답은 가르쳐 줄 수 있다. 이 책의 목적이 바로 그 답을 알려 주는 것이다.

Chapter 3

당신의 현재 위치는
어디인가?

오랫동안 당신은 성공의 사다리를 오르기 위해 열심히 일했다. 여전히 바닥 근처에 있을 수도 있고, 어쩌면 꼭대기에 가까워졌는지도 모르겠다. 사실 사다리의 어디쯤 이르렀는지는 중요하지 않다. 중요한 것은, 사다리를 오르느라 그 모든 시간과 노력을 쏟기 전에 당신이 미처 생각해 보지 않았을지도 모르는 바로 이 질문이다. 그 사다리가 세워져 있는 곳은 어디인가?

스티븐 코비도 말했듯이 사다리가 엉뚱한 벽에 기대어 있다면 얼마나 빨리 또는 얼마나 높이 오르느냐는 무의미해진다.

이번 장의 목적은 당신이 사다리 오르기를 잠시 멈추고 그것이 세워진 위치를 확인하게 만드는 것이다. 그리고 그 장소가 마음에 들지 않는다면, 당신이 사다리를 어디로 옮기고 싶은지 깨닫도록 이끄는 것이다.

당신이 버는 돈은 어디에서 나오는가?

사람은 대부분 소득 수준이나 보유 재산, 혹은 그 둘의 조합으로 재정적 지위가 결정된다고 생각한다. 그리고 이는 분명히 나름 일리가 있다.《포브스》의 정의에 따르면 '부자'는 연간 소득이 백만 달러가 넘는(한 달에 약 8만 3333달러, 일주일에 2만 달러 조금 못 미치는 수준) 사람이며 '가난한 자'는 연간 소득이 2만 5000달러 미만인 사람이다.

그러나 당신의 소득 금액보다 훨씬 중요한 것은 소득의 '질'이다. 다시 말해 얼마나 많이 버는가 하는 것뿐만 아니라 어떻게 버는지, 즉 소득이 어디에서 나오는지도 중요하다. 현금이 흘러나오는 원천은 '네 가지'로 구분된다. 각각의 원천은 서로 크게 다르며, 소득의

봉급생활자
employee

사업가
big business

투자가
investor

자영업자 또는 전문직
self-employed

양에 상관없이 각각 다른 생활방식을 만들어 낸다.

『부자 아빠 가난한 아빠』를 발간한 뒤 나는 이 네 가지 수입원의 세계를 설명하는 책을 썼다. 많은 사람이 그 책, 즉『부자 아빠 가난한 아빠 2』가 나의 저서 중 가장 중요한 내용을 담았다고 말한다. 인생에 진정한 변화를 시도하려는 사람들과 관련된 중대한 문제의 핵심을 짚고 있기 때문이다.

『부자 아빠 가난한 아빠 2』에서 소개한 '현금흐름 사분면'은 현금 수입을 발생시키는 네 가지 방식을 보여 준다. 예를 들면 '봉급생활자'는 직장에 들어가 다른 누군가나 회사를 위해 일을 해서 돈을 번다. '자영업자'는 혼자서 활동하거나 소규모 사업체를 운영하며 스스로 일을 해서 돈을 번다. '사업가'는 대형 사업체(일반적으로 500명 이상의 종업원 보유)를 소유하고 거기서 수입을 창출한다. '투자가'는 다양한 투자 활동으로 수입을 얻는다. 즉 돈이 더 많은 돈을 낳게 만든다.

E 봉급생활자 Employee

S 자영업자 또는 전문직 Self-employed or Small-business owner

B 사업가 Business owner

I 투자가 Investor

당신은 어느 사분면의 인생을 살고 있는가? 다시 말해 생계에 필요한 수입 대부분을 어느 사분면에서 얻고 있는가?

E 사분면

우리 가운데 압도적 다수의 사람들이 오로지 E 사분면 안에서 배우고, 생활하고, 사랑하며 살다가 죽음을 맞이한다. 우리의 교육 시스템과 문화는 요람에서 무덤까지 E 사분면의 세계에서 살아가는 방법을 가르친다.

이 세계의 철학은 나의 가난한 아버지가 가르쳐 준 내용이자 당신역시 자라면서 배웠을 법한 내용이다. '좋은 학교에 진학해 공부를 열심히 해서 좋은 성적을 받아야 안정적이고 돈 많이 주는 훌륭한 직장을 구할 수 있다.'가 그것이다.

S 사분면

많은 사람이 더 커다란 자유와 자주적 결정에 대한 열망으로 E 사분면에서 S 사분면으로 이동한다. 이곳은 사람들이 '자립'과 아메리칸 드림을 추구하기 위해 선택하는 구역이다.

S 사분면에 속하는 사람들의 소득 수준은 매우 다양하다. 이제 막사회생활을 시작한 십 대 프리랜서 베이비시터나 정원사부터 고소득 개업 변호사, 컨설턴트, 강연가에 이르기까지 다양한 이들이 이 사분면에 속한다.

그런데 당신이 시간당 8달러를 받든 1년에 8만 달러를 벌든, 일반적으로 S 사분면은 함정과 같다. 당신은 아마도 '사장을 없애 버린다.'고 생각하며 E 사분면을 떠나 왔겠지만 실제로는 그저 사장을 바꾼 것에 불과하다. 당신은 여전히 피고용인이다. E 사분면과 다른 점이 있다면, 당신이 겪는 어려움이나 문제에 대해 사장을 탓하고 싶을 때 그 사장이 바로 당신이라는 사실뿐이다.

S 사분면 사람들은 일에 쏟은 노고에 비해 적은 보람을 얻곤 한다. 당신은 사방에서 몰려오는 스트레스에 시달린다. 우선 정부가 당신을 괴롭힌다. 일주일에 하루는 온전히 세금을 내기 위해 일하는 셈이다. 또 직원과 고객 때문에 스트레스를 겪으며, 가족마저 당신이 쉬는 날 하루 없이 일한다며 불평한다. 하지만 어떻게 쉴 수 있겠는가? 당신에게 자유 시간은 없다. 만약 일하지 않고 쉬면 그만큼 벌어들이는 돈이 줄어들기 때문이다.

매우 현실적으로 얘기하자면 S는 '노예(slavery)'를 의미하는 셈이다. 사실 당신은 사업체를 소유하고 있는 것이 아니다. 사업체가 당신을 소유하고 있는 것이다.

B 사분면

B 사분면 사람들은 대규모 사업체를 설립한다. S 사분면과 B 사분면의 차이점은 전자는 당신이 사업체를 위해 일하지만 후자는 사업체가 '당신을 위해' 일한다는 점이다.

나는 제조업과 부동산, 광산업을 비롯한 여러 분야에 다수의 B 사업체를 소유하고 있다.

B 사분면에서 생활하고 일하는 사람은 불황에도 큰 영향을 받지

않는다. 이들은 자신의 수입 원천을 직접 통제하기 때문이다.

I 사분면

여기에 속하는 투자가들의 돈 버는 방식을 이해하기는 어렵지 않다. 나의 부자 아버지는 모노폴리(Monopoly: 부동산 사고팔기 보드게임 — 옮긴이)를 통해 I 사분면에 사는 방법을 가르쳐 주셨다. 이 게임 내용을 모르는 사람은 별로 없을 것이다. 모노폴리에서는 초록색 주택 네 채를 짓고 나서 빨간색 호텔 한 채를 지을 수 있다.

직업의 변화와 사분면 이동은 다르다

사분면의 각 구역을 이해하는 것이 왜 중요한지 설명하겠다. 우리는 자기 직업에 대한 불만을 늘어놓는 사람을 자주 목격한다. 그들은 굳은 결심으로 직업이나 직장을 바꾸고 나서 몇 년이 지나면 결국 또 예전과 똑같은 불만을 터뜨리곤 한다. 이렇게 말이다.

- "이를 악물고 늘 열심히 노력하는데도 조금도 나아지지 않습니다."
- "봉급이 올라도 세금과 높은 생활비 때문에 결국 남는 게 없어요."
- "차라리 _____를 하고 싶지만, 지금 이 나이에 다시 학교로 돌아가 완전히 새로운 기술을 익히는 건 엄두가 안 납니다."
- "이 일이 지긋지긋해요! 사장이 짜증 나요! 사는 게 끔찍합니다!"

이런 말을 하는 사람은 모두 덫에 갇혀 있다. 특정한 직업이 아니라 특정한 사분면에 갇혀 있는 것이다. 문제는 사람들이 삶을 변화시키기 위해 무언가를 하겠다고 결심할 때 그저 대부분 직업이나 직장을 바꾸는 데서 그친다는 점이다. 하지만 진정 필요한 것은 '사분면'을 이동하는 일이다.

봉급생활자를 벗어나 당신만의 수입 흐름을 창출하면 경제 폭풍을 헤쳐 나갈 힘이 생긴다. 수입을 고용주나 경제 상황에 의존할 필요가 없어지기 때문이다. 당신의 수입을 결정하는 것은 '당신 자신'이다.

사람들은 대부분 사분면의 왼쪽인 E와 S 그룹에 속한다. 우리는 자라면서 그 구역에서 살아야 한다고 교육받는다. 우리가 배운 내용은 이렇다. "좋은 성적을 받아야 훌륭한 직장을 구할 수 있다." 그러나 B 사분면에서는 학교 성적이 중요하지 않다. 은행의 담당자들은 당신에게 성적표를 요구하지 않는다. 그들이 확인하고 싶어 하는 것은 당신의 재정 상태를 보여 주는 재무제표이다.

봉급생활자를 벗어나 당신만의 수입 흐름을 창출하면 경제 폭풍을 헤쳐 나갈 힘이 생긴다. 수입을 고용주나 경제 상황에 의존할 필요가 없어지기 때문이다. 당신의 수입을 결정하는 것은 '당신 자신'이다.

전체 인구 중 적어도 80퍼센트가 사분면의 왼쪽에 살고 있다. 특히 E 사분면은 우리가 안전하고 안정적인 삶을 찾게 될 것이라고 배워 온 구역이다. 반면 사분면 오른쪽인 B와 I에는 자유가 존재한다. 만일 당신이 사분면 오른쪽에 살고 싶다면 얼마든지 그렇게 변화할 수 있다. 하지만 사분면 왼쪽의 안정을 원한다면 이 책에서 내가 설명할 내용은 당신에게 별 의미가 없을 것이다. 결정은 오로지 당신에게 달려 있다.

당신은 어느 사분면의 인생을 살고 있는가?

당신은 어느 사분면의 인생을 살고 '싶은가?'

Chapter 4

재정에 관한
핵심 가치관

네 개의 사분면은 그저 서로 다른 네 가지 비즈니스 구조를 나타내는 것이 아니다. 서로 다른 네 가지 '사고방식'을 나타낸다고 보는 편이 더욱 적절하다. 당신이 주요 수입을 얻는 사분면이 정해지는 데에 **외부 환경**(교육 수준, 훈련, 사회의 경제 상황, 당신에게 주어지는 기회 등)이 미치는 영향력은 적은 편이다. 그보다는 당신 내면의 자아, 즉 당신의 강점과 약점, 주요 관심사가 훨씬 더 큰 영향을 미친다.

이것은 당신이 가진 '재정에 관한 핵심 가치관'의 문제다. 이 가치관의 차이 때문에 우리는 특정한 사분면에 끌리거나 거기서 멀어진다.

이것은 매우 중요하다. 이 말은 곧 E나 S 사분면에서 B 사분면으로 이동하는 것이 우체국에서 주소 변경 신청서를 작성하는 일처럼 단순하지 않다는 의미이기 때문이다. 당신은 단순히 직업을 바꾸는 게 아니라, 매우 현실적으로 얘기하자면, '당신 자신'을 또는 적어도 '사고방식'을 함께 바꿔야 한다.

어떤 이들은 봉급생활자로 사는 것을 선호하는 반면 어떤 이들은 혐오한다. 어떤 사람들은 회사를 소유하고 싶어 하면서도 직접 운영하는 것은 원하지 않는다. 어떤 사람들은 투자를 좋아하지만, 또 다른 사람들은 돈을 잃을 위험만 걱정한다. 우리 대부분은 이러한 특성을 모두 조금씩 갖고 있다. 또 한 가지 중요한 사실이 있다. 네 개의 사분면 모두에서 부자가 되거나 가난해질 수 있다는 것이다. 각각의 사분면에는 백만장자도 있고 파산한 사람도 있다. 어떤 특정한 사분면에 속한다는 사실 자체가 반드시 재정적인 성공을 보장하지는 않는다.

사람들의 이야기에 귀를 기울여 보면 그들이 어느 사분면에 속하는지 알 수 있다. 아홉 살 때 나는 부자 아버지가 입사 지원자들을 면접하는 자리에 함께하기 시작했다. 당시의 면접 참관을 통해 나는 사람들의 핵심 가치관에 귀를 기울이는 법을 배웠다. 부자 아버지는 그것이 그들의 영혼에서 기인하는 가치관이라고 말씀하셨다.

아래는 각 사분면을 대변하는 핵심 단어다. 뒤이어 각 사분면의 핵심 가치관을 간단히 살펴보겠다.

부의 구축

안정

재정적 자유

독립

E 사분면의 가치관

"나는 높은 봉급과 훌륭한 혜택을 제공하는 안전하고 확실한 직장을 원한다."

E 사분면에 속하는 사람들이 중시하는 핵심 가치는 '안정'이다.

고연봉을 받는 기업 부사장이든 그 10분의 1 수준의 봉급을 받는 경비원이든 E 사분면에 속하는 똑같은 핵심 가치관을 공유할 수 있다. 경비원이든 기업체 사장이든 상관없이 E 사분면 사람은 다음과 같이 말하거나 생각한다. "나는 복지 혜택이 많은 안전하고 확실한 직장을 원한다." "초과 근무 수당이 얼마인가?" "유급 휴가는 며칠이나 되는가?"

내가 E 그룹 사람과 대화를 나누다가 나만의 사업을 시작한 것에 매우 만족한다고 이야기한다면, 그는 아마 이런 반응을 보일 것이다. "하지만 사업은 위험하지 않습니까?" 우리는 각자의 핵심 가치관에 입각하여 삶을 바라본다. 나에게 흥미진진한 시도가 다른 누군가에 겐 경악할 무언가로 여겨지기도 한다. 그래서 나는 E나 S 사분면 사람들과 함께 있을 때면 대개 날씨나 스포츠, 혹은 TV 프로그램을 화제로 삼는다.

S 사분면의 가치관

"무언가 제대로 하고 싶다면, 자신이 직접 해야 한다."

S 사분면 사람들에게 핵심 가치는 '독립'이다. 그들은 자신이 하고 싶은 일을 할 자유를 원한다. 누군가가 "직장을 그만두고 내 사업을 할 거야."라고 말한다면 이는 E 사분면에서 S 사분면으로 이동한다는 의미다.

S 사분면에는 소규모 사업체 소유주, 소규모 자영업자, 전문직 종사자, 컨설턴트 등이 속한다. 예를 들어 내 친구 한 명은 부유한 가정에 대형 스크린 TV나 전화 시스템, 보안 시스템을 설치해 주는 일을 한다. 그는 직원 세 명을 두고 있고, 단 세 명을 거느리는 상사라는 사실에 만족한다. 그는 여지없이 열심히 일하는 S 타입 사람이다. 부동산 중개인이나 보험 중개인처럼 수수료를 받는 판매자도 S 사분면에 속한다. 또한 여기에는 대형 병원이나 법률회사, 회계법인에 소속되지 않은 의사와 변호사, 회계사와 같은 전문직 종사자도 포함

된다.

S 사분면 사람들은 자신의 손이나 머리를 직접 써서 이룬 성과에 종종 커다란 자부심을 느낀다. 만약 그들에게 주제가가 있다면 「아무도 더 잘할 수는 없어(Nobody Does It Better)」나 「마이 웨이(My Way)」가 어울릴 것이다. 한편 겉으로 보이는 독립성의 이면을 살펴보면 일에 대한 이들의 접근법의 핵심에는 타인에 대한 불신이 존재할 때가 많다. 이는 곧 삶에 대한 접근법을 의미하기도 한다. 일에 대한 관점은 다른 모든 것을 바라보는 관점과 일치하는 경향이 있기 때문이다.

S 그룹 가운데 많은 이들은 수수료를 받거나 일한 시간만큼 보수를 받는다. 예를 들면 그들은 이렇게 말한다. "제 수수료는 총 구매가의 6퍼센트입니다." "저는 시간당 100달러를 청구합니다." "제 보수로 비용의 10퍼센트를 추가로 주셔야 합니다."

B 사분면으로 이동하는 데 어려움을 겪는 E나 S 사분면 사람을 보면 대개 전문성이나 관리 능력은 뛰어나지만 리더십이 부족하다. 나의 부자 아버지는 이렇게 말하곤 했다. "네가 팀의 리더인 동시에 팀에서 가장 똑똑한 사람이라면 그 팀은 문제가 있는 거다." S 사분면 사람은 종종 팀원들과의 협력에 능숙하지 못하다. 심지어 자만심이라는 문제를 갖고 있기도 하다.

S에서 B로 이동하기 위해 필요한 것은 전문적 기술이 아니라 리더십 기술의 비약적 발전이다. 전에도 여러 번 얘기했지만, 현실 세계에서는 학교 성적이 A등급이었던 학생이 나중에 일터에서 C등급 학

생 밑에서 일하는 경우가 많다. 그리고 B등급 학생은 공무원이 되곤 한다.

만약 당신이 "무언가 제대로 하고 싶다면 자신이 직접 해야 한다." 라고 말한 적이 있거나 그렇게 생각하는 경향이 있다면, 이제 그런 가치관을 면밀하게 재고해 보아야 한다.

B 사분면의 가치관

"나는 내 팀에 합류시킬 최고의 멤버들을 찾는다."

B 사분면 사람들이 추구하는 핵심 가치는 '부의 구축'이다.

맨손으로 시작하여 B 사분면에 속하는 대규모 사업체를 일군 사람들은 대개 인생의 굳건한 사명감을 갖고 있으며, 훌륭한 팀과 효율적 팀워크를 중시하고 될 수 있는 대로 많은 사람과 함께 일하고 싶어 한다.

S 타입 사람은 자신의 분야에서 최고가 되고 싶어 하는 반면, B 타입 사람은 각각의 영역에서 최고인 사람들을 모아 팀을 만들고 싶어 한다. 헨리 포드는 자신보다 똑똑한 사람들을 곁에 두었다. S 사분면의 사업가가 대개 주변 인물들 중 가장 머리가 좋거나 재능이 뛰어난 사람인 데 반해 B 사분면의 사업가는 그렇지 않은 경우가 많다.

B 사분면의 사업체를 소유한 사람이라면 자신보다 훨씬 더 똑똑하고 경험이 많으며 능력이 뛰어난 사람을 상대해야 할 일이 많다. 나의 부자 아버지는 정규 교육을 제대로 받지 못했지만 금융업자와 변

부자 아빠의 21세기형 비즈니스

호사, 회계사, 투자 고문 등 여러 분야의 전문가를 대하는 일이 많았고, 그들 가운데 다수는 고급 학위를 가지고 있었다. 부자 아버지는 사업에 필요한 자금을 확보할 때면 자신보다 훨씬 더 큰 부를 지닌 사람들과 거래했다. 만일 그분이 "무언가 제대로 하고 싶다면 자신이 직접 해야 한다."는 좌우명에 따라 살았다면 아마 결국 철저한 실패를 겪었을 것이다.

수입과 관련하여 얘기하자면, 진정한 B 사분면의 사람은 자신의 사업체를 떠나 있어도 여전히 수입을 얻을 수 있다. 대부분 S 사분면에서는 일을 멈추면 수입 발생도 멈춘다. 지금 당신의 머릿속에는 이 질문이 떠올랐을 것이다. "만약 내가 오늘부터 일하기를 멈춘다면, 앞으로 지속적으로 들어오는 수입은 얼마일까?" 수입이 6개월 안에 멈춘다면, 당신은 E나 S 사분면에 속할 가능성이 높다. B나 I 사분면의 사람은 수년간 일을 하지 않아도 꾸준히 수입이 발생한다.

I 사분면의 가치관

"투자를 통해 내게 돌아오는 소득이 얼마나 되는가?"

I 사분면 사람들이 으뜸으로 여기는 가치는 '재정적 자유'다. 투자가들은 자신이 직접 일하지 않고 돈이 일하게 하는 것을 선호한다.

투자가는 다양한 대상에 투자한다. 그것은 금, 부동산, 사업체, 또는 주식과 채권, 뮤추얼 펀드와 같은 명목 자산일 수도 있다.

당신의 개인적 투자 지식이 아니라 기업이나 정부의 은퇴 프로그램으로부터 수입을 얻고 있다면 그것은 E 사분면의 수입 창출 방식이다. 다시 말해 당신이 오랜 기간 일한 것에 대해 당신의 사장이나 회사가 아직 그 보수를 지불하고 있는 것이다.

투자가들은 이렇게 말한다. "내 자산을 통해 20퍼센트의 수익률을 올리고 있어요." "회사의 재정 상태를 설명해 주십시오." "관리 소홀로 인해 이 부동산에 발생하는 비용은 얼마입니까?"

사분면마다 다른 투자 방식

오늘날의 세계에서는 모든 사람이 투자가가 되어야 한다. 그러나 학교에서는 우리에게 충분한 투자 교육을 제공하지 않는다. 일부 학교에서는 주식 선택 방법을 가르치기도 하지만 내가 보기에 그것은 투자가 아니라 도박이다.

오래전 부자 아버지는 대부분의 봉급생활자들이 뮤추얼 펀드나 예금에 투자한다고 내게 설명해 주셨다. 그리고 이렇게 말했다. "E나 S, 혹은 B 사분면에서 성공했다고 해서 반드시 I 사분면에서도 성공하는 것은 아니다. 의사들은 형편없는 투자가인 경우가 많지."

부자가 되고 싶다면 '사분면을 이동해야' 한다. 당신에게 필요한 것은 새로운 직업이 아니라 '새로운 주소'다.

또한 부자 아버지는 각각의 사분면 사람은 투자 방식도 다르다고 설명했다. 예를 들어 S 사분면 사람은 이렇게 말할 것이다. "나는 부동산에 투자하고 싶지 않습니다. 화장실을 수리해 줘야 하잖아요." B 사분면 사람이라면 부동산 투자와 관련해 이렇게 말할 것이다. "나는 화장실 수리를 맡길 훌륭한 부동산 관리 업체를 고용하고 싶습니다." 다시 말해 S 사분면의 투자가는 자산 관리를 자신이 직접 해야 한다고 생각하고, B 사분면의 투자가는 다른 업체를 고용하여 자산 관리를 맡긴다. 각 사분면 사람들은 서로 다른 사고방식을 지닌다. 각각의 사분면은 서로 다른 가치를 추구한다.

지금쯤이면 내가 무슨 이야기를 하고 싶은지 감을 잡았을 것이다. 결론은 꽤 간단하다. 부자가 되고 싶다면 '사분면을 이동해야' 한다. 당신에게 필요한 것은 새로운 직업이 아니라 '새로운 주소'다.

당신의 인생과 운명을 지배하는 주인이 되고 싶다면, 진정한 자유(목표를 정하고, 일정을 짜고, 좋아하는 일을 하며 가족과 시간을 보내고 자신만의 시간도 즐길 자유)를 원한다면, 당신이 설계한 인생(아무런 제약도 없고, 열정과 설렘과 성취감으로 충만한 인생)대로 살아가고 싶다면, 요컨대 '부자가 되어 부자로 살고 싶다면', 이제 짐을 꾸려 이동해야 한다.

사분면의 왼쪽을 떠나 B와 I 사분면을 향해 움직여야 할 시간이 온 것이다.

Chapter 5

사업가의 사고방식

대학 졸업 후 나는 MBA를 획득하기 위해 경영대학원에 진학했다. 교육과 훈련을 통해 준비된 사업가가 되기 위해서였다. 하지만 9개월 만에 자퇴했다. 당연히 MBA 학위는 받지 못했다.

최근에 나는 기업가 정신을 주제로 학생들에게 강연해 달라는 경영대학원의 초대를 받는 일이 많다. 참으로 아이러니한 상황이다.

학생들에게 흔히 받는 질문은 이런 것이다. "어떻게 해야 투자자를 찾을 수 있습니까?" "어떻게 자본금을 조달할 수 있습니까?" 충분히 던질 법한 질문이다. 전통적인 직장의 안정성을 버리고 스스로 사업가가 되었을 때 나 역시 늘 고민했던 문제였으니까. 돈이라고는 한 푼도 없었고, 내게 투자하겠다는 사람 역시 없었다. 대형 벤처캐피털 회사와 손잡는 것은 상상조차 할 수 없었다.

그런 내가 경영대학원생들에게 무슨 이야기를 해 줄까? 나는 이렇게 말한다. "일단 시도하십시오. '그래야 하기' 때문입니다. 시도하지 않으면 사업가로 성공할 수 없으니까요."

"현재 나는 충분한 돈이 있지만 여전히 늘 자본을 확보하려고 노력합니다. 사업가에게는 그것이 가장 중요한 일이니까요. 우리는 세 그룹의 사람들에게서 자본금을 조달합니다. 바로 고객, 투자자, 피고용인입니다. 사업가로서 당신의 직무는 고객이 당신의 제품을 구매하게 만드는 일입니다. 제품 구매를 통해 고객들이 당신에게 자본을 제공하게 만든다면, 투자자들은 당신의 사업에 큰돈을 투자할 것입니다. 그리고 당신이 종업원을 고용했다면 그들로 하여금 봉급의 최소 열 배에 달하는 성과를 창출하게 만들어야 합니다. 그렇지 않으면 사업은 성공할 수 없습니다. 그리고 사업이 실패한다면 당연히 더 이상 자본금을 조달할 필요도 없어지지요."

이것은 대부분의 MBA 학생들이 원하는 대답이 아니다. 그들 대다수는 부자가 되기 위한 마법의 공식, 신비의 처방, 지름길을 기대한다. 또 이것은 그들을 가르치는 교수들이 기대하는 대답도 아닌 듯하다. 내가 이런 이야기를 하면 교수들은 당혹스러워한다. 왜일까? 그들은 기업가 정신을 '가르치고' 있지만 자기 자신은 대부분 사업가가 아니기 때문이다. 그들은 안정

이 책에서 소개할 비즈니스 모델에서는 사업 시작을 위해 자본금을 모을 필요가 '없다.' 이미 사업 시스템이 확립되어 있기 때문이다. 당신이 해야 할 일은 사업을 성장시키는 것이다!

적인 봉급이 보장되는 교직을 선택하여 종신 재직권을 얻기를 기대하는 사람이다.

나의 요점은 자본금을 확보해야 한다는 얘기가 아니다. 사실 내가 이 책에서 소개할 비즈니스 모델에서는 사업 시작을 위해 자본금을 모을 필요가 '없다.' 이미 사업 시스템이 확립되어 있기 때문이다. 당신이 해야 할 일은 사업을 성장시키는 것이다!

내가 전달하고픈 요점은 사업가를 규정하는 특징이다. 바로 '사업가는 스스로 직접 실행에 옮긴다'는 것. 당신은 좌석에서 일어나 버스 앞쪽으로 걸어가 인생의 운전대를 잡아야 한다.

사업가가 되려면?

사업가들은 세상에서 가장 부유한 사람이다. 우리는 유명한 사업가들의 이름을 읊을 수 있다. 리처드 브랜슨, 도널드 트럼프, 오프라 윈프리, 스티브 잡스, 루퍼트 머독, 테드 터너 등등. 하지만 부유한 사업가들 중 대다수는 당신이나 내가 모르는 이름이다. 그들은 미디어의 주목을 끌지 않기 때문이다. 그들은 그저 조용히 부자의 인생을 살아간다.

사람들은 흔히 "사업가의 자질은 타고나는가 아니면 계발할 수 있는가?"를 놓고 토론을 벌인다. 어떤 사람들은 사업가가 되려면 특별한 인격이나 모종의 마법 같은 능력을 지녀야 한다고 생각한다. 내가 보기에 사업가가 되는 것은 그렇게까지 대단한 일이 아니다. 그저 시도하면 되기 때문이다.

예를 들어 보겠다. 우리 동네의 어느 십 대 소녀는 번창하는 베이비시터 사업을 운영하고 있으며 중학교 친구들을 고용하여 일을 맡긴다. 그 소녀는 사업가라고 할 수 있다. 또 다른 소년은 방과 후에 잡역부 사업을 한다. 그 소년 역시 사업가다. 대개 젊은이들은 새로운 시도를 두려워하지 않는다. 반면 어른들은 대부분 '두려워할 줄밖에' 모른다.

> 당신의 재능을 발견하고,
> 개발하고, 그것으로
> 세상에 기여하기 위해서는
> '용기'가 필요하다.

오늘날 수많은 사람이 직장을 그만두고 사업가가 되어 자신의 사업체를 운영하는 꿈을 꾼다. 문제는 대부분 그저 꿈에 그친다는 것이다. 그렇다면 많은 이들이 사업가가 되고 싶다는 꿈을 이루지 못하는 이유가 무엇일까?

내 친구 중에 뛰어난 헤어스타일리스트가 한 명 있다. 그는 여성을 아름답게 변신시키는 일에 관해서라면 마법사에 가까운 능력을 발휘한다. 오래전부터 그는 직접 미용실을 개업하고 싶다고 말해 왔다. 그러나 계획은 원대하지만, 슬프게도 여전히 대형 미용실에서 근무하는 일개 종업원 지위를 벗어나지 못한 채 고용주와 늘 불화를 겪고 있다.

또 다른 내 친구의 부인은 비행기 승무원 일에 지쳐 가고 있었다. 2년 전, 그녀는 그 일을 그만두고 학교로 돌아가 헤어스타일리스트가 되기 위한 교육을 받았다. 그리고 한 달 전에 미용실을 개업했다. 눈부시게 멋진 미용실이었고 최고의 헤어스타일리스트들도 몇 명 고용한 상태였다.

앞서 말한 친구는 그녀의 미용실 개업 이야기를 듣고 이렇게 말했다. "도대체 그녀가 어떻게 미용실을 열었지? 그녀에겐 재능도, 타고난 소질도 없어. 나처럼 뉴욕에서 공부를 한 것도 아니고. 게다가 실무 경험도 전혀 없잖아. 1년 안에 실패할 게 분명해."

어쩌면 그녀는 실패할 수도 있다. 통계에 의하면 사업체의 90퍼센트가 처음 5년 안에 폐업한다고 한다. 하지만 그녀는 실패하지 않을 수도 있다. 중요한 것은 그녀가 시도하여 사업체를 운영하고 있다는 사실이다. 그녀는 인생을 결정하는 데 용기가 큰 힘을 발휘한다는 사실을 잘 알고 있다. 당신의 재능을 발견하고, 개발하고, 그것으로 세상에 기여하기 위해서는 '용기'가 필요하다. 미국에서 300만 달러 이상의 복권에 당첨된 이들 가운데 80퍼센트가 3년 안에 파산을 맞는다. 이유가 무엇일까? 돈만 가지고는 부자가 될 수 없기 때문이다. 그들의 예금 계좌에 찍힌 숫자는 커졌겠지만, 단순히 숫자가 부자를 만드는 것은 아니다. 통장에 찍힌 숫자가 사람들의 사고방식을 바꾸지는 못하기 때문이다.

당신의 정신적 능력은 '무한'하다. 당신의 정신 능력을 제한하는 것은 의심과 회의뿐이다. 『아틀라스』의 저자 에인 랜드는 이렇게 말했다. "부는 인간이 가진 사고 능력의 결과물이다." 자, 이제 인생을 바꿀 준비가 되었다면, 당신의 뇌가 사고하게 만들, 그리하여 당신을 부자로 만들어 줄 환경을 소개하도록 하겠다.

너는 커서 무엇이 되고 싶니?

어린 시절에 나의 친아버지가 자주 하던 얘기는 안정된 직장을 가지려면 학교에 열심히 다니고 좋은 성적을 받아야 한다는 것이었다. 아버지는 내가 E 사분면 사람이 되도록 프로그래밍하고 있었다. 어머니는 내가 의사나 변호사가 되기를 종용했다. "그렇게 언제든지 의지할 수 있는 전문직을 가져야 한단다." 어머니는 나를 S 사분면 사람으로 프로그래밍하고 있었다. 내 부자 아버지는 나중에 커서 부자가 되고 싶다면 사업 소유주나 투자가가 되어야 한다고 말씀하셨다. 그는 내게 B와 I 사분면의 삶을 주입하고 있었다.

베트남에서 돌아왔을 때 나는 어느 조언을 따를지 결정해야 했다. 당신 역시 그런 선택의 기로에 놓여 있다.

당신이 자신의 사업을 해야 하는 이유 중 하나는 '존엄성'을 되찾기 위해서다.

이 이유의 중요성을 간과해서는 안 된다. 세상은 약자를 괴롭히는 사람과 이기주의자로 가득하며, 당신은 그들이 상사든, 관리자든, 이웃이든, 심지어 친구든, 더 이상 당신을 내두르게 놔두어서는 안 된다. 스스로 자기 인생에 대한 통제권을 지녀야 한다. 다른 사람이 당신을 괴롭혀도 개의치 않을 용기를 가져야 한다. 또 혼자 힘으로 생각하고 행동할 자유를 가져야 한다.

마세라티 운전자의 마인드

다시 질문해 보자. "당신은 어느 사분면의 인생을 살고 있는가?" 이제 당신은 현금흐름 사분면의 한쪽에서 다른 쪽으로 이동한다는 것의 의미를 이해했을 것이다. 이는 그저 다른 구조를 가리키는 것이 아니다. 삶에 대한 접근 방식의 변화를 의미한다.

그렇다. 이는 비즈니스에 대한 이야기지만 오로지 비즈니스에 관한 것만은 아니다. 비즈니스는 외적 형식일 뿐이다. 말 농장 주인을 마세라티(Maserati: 이탈리아의 고급 스포츠카 브랜드 — 옮긴이) 운전석에 앉힌 다고 해서 그가 카레이서로 변하는 것은 아니다. 기술을 연마하고 훈련을 받아야 하며 무엇보다도 카레이서의 '사고방식'을 갖추어야 한다.

'21세기형 비즈니스'의 장점 중 하나는 당신을 대신해 사업의 모든 기초공사가 미리 되어 있다는 점이다.

당신의 재정적 삶도 마찬가지다. 당신은 사업가의 사고방식을 가져야 한다. 그것은 결국 이렇게 요약된다. '사업가는 스스로 결정한다.' 결정을 내리고 실행에 옮기는 것은 당신이며, 따라서 당신 자신 외에는 '누구도, 어느 것도' 탓할 수 없다.

그렇다고 반드시 혼자서 모든 것을 처음부터 시작하고 구축해야 하는 것은 아니다. 내가 사업을 시작했을 때는 그랬지만 말이다. 사실 내가 소개할 '21세기형 비즈니스'의 장점 중 하나는 당신을 대신해 사업의 모든 기초공사가 미리 되어 있다는 점, 더불어 당신의 성공을 기원하는 경험 많은 리더들의 안내도 받을 수 있다는 점이다.

그러나 오해해선 안 된다. 바라는 일이 있다면 그것을 실행에 옮기는 주체는 바로 당신이어야 한다. 그러기 위해서는 반드시 사업가의 사고방식을 가져야 한다. 그렇지 않으면 제아무리 훌륭한 사업과 훌륭한 스승을 만난다 해도 좋은 성과를 얻지 못한다.

책의 2부에서 살펴볼 비즈니스 모델이 바로 마세라티라 할 수 있다. 그 운전석에는 당신이 앉을 것이다. 이때 무엇보다 중요한 것은 바로 '당신'이다. 당신은 운전대를 잡을 준비가 되었는가? 당신은 마세라티를 모는 데 필요한 자질을 갖추었는가?

Chapter 6

이제는 당신이
통제권을 쥐어야 한다

1985년에 나와 내 아내 킴은 노숙자였다. 우리는 실업자였고 저축 계좌에 남은 돈도 거의 없었다. 신용카드는 더 이상 쓸 수가 없었고 낡은 갈색 토요타에서 생활하며 뒤로 젖혀지는 좌석을 침대로 이용했다. 차에서 잠을 자며 지낸 지 일주일쯤 지나자 우리가 누구인지, 무엇을 하고 있는지, 어디를 향해 가고 있는지에 관한 냉혹한 현실이 가슴으로 다가오기 시작했다.

그러다 우리의 절망적인 상황을 알게 된 한 친구가 자기네 집 지하의 빈방을 우리에게 제공했다. 친구들과 친척들이 우리의 처지를 알고 나서 가장 먼저 하는 말은 언제나 이것이었다. "직장을 구하지 그래?" 처음에는 우리도 설명하려고 시도했다. 하지만 선의를 갖고 그런 말을 하는 사람들에게 그러지 않는 이유를 납득시키는 일은 여간 어렵지가 않았다. 직장을 소중하게 여기는 사람들에게 왜 직장을 원하지 않는지 그 이유를 설명하기란 쉽지 않았다.

우리는 때때로 이런저런 일을 하여 약간의 돈을 벌었다. 하지만 그것은 오로지 배를 채우고 '집'에다, 그러니까 우리 차에다 휘발유를 넣기 위해서였다.

인정하건대 극도의 불안감이 몰려들 때면 봉급이 꼬박꼬박 나오는 안정된 직장에 마음이 끌리기도 했다. 그러나 우리가 추구하는 것은 안정적인 직장이 아니었기에 재정적 나락의 끝에서도 하루하루 버텨 나갔다. 우리는 언제라도 안전하고 확실하며 보수가 높은 일자리를 얻을 수 있다는 사실을 알고 있었다. 우리 부부는 둘 다 대학 졸업자에 훌륭한 직업적 기술과 견실한 직업윤리를 갖고 있었기 때문이다. 하지만 우리의 목적은 안정적인 직장이 아니었다. 우리가 추구한 것은 재정적 자유였다.

그리고 1989년, 우리는 백만장자가 되었다.

나는 사람들이 이렇게 말하는 것을 자주 듣는다. "돈이 있어야 돈을 벌 수 있다." 정말 말도 안 되는 소리다! 우리는 4년 만에 노숙자에서 부자가 되었고, 그로부터 5년 후에는 진정한 재정적 자유를 얻었다. 처음부터 돈이 있어서 그렇게 된 게 아니었다는 얘기다. 애초에 우리에겐 돈이 하나도 없었고(오히려 빚이 있었다.) 누구의 도움도 받지 않았다.

훌륭한 정규 교육 역시 필요하지 않다. 전통적인 직업군에서는 대학

교육이 중요하지만 부를 구축하려는 사람에게 이는 중요하지 않다.

돈이 있어야 돈을 벌 수 있는 게 아니라면, 그리고 재정적인 자유를 얻는 데 학교 교육이 필요하지 않다면, 도대체 무엇이 필요하단 말인가? 우리에게 필요한 것은 꿈, 확고한 결심, 빨리 배우고자 하는 의지, 그리고 현금흐름 사분면에서 자신이 속한 사분면을 이해하는 능력이다.

열심히 일한다고 부자가 되는 것은 아니다

우리 사회에서는 다음과 같은 이상한 생각을 주입시킨다. "땀 흘려 열심히 노력하면 잘살 수 있다." 이건 또 무슨 헛소리인가! 그리고 진짜 비극은 대부분의 사람들이 이 말을 믿도록 세뇌되어 왔으며 '실제로' 그렇게 믿고 있다는 사실이다. 위의 말이 사실이 아님을 입증하는 수많은 증거들이 도처에 존재하는데도 말이다.

어떤 증거냐고? 주위를 둘러보라. 평생을 열심히 일하고도 '최저 생활 수준'을 간신히 넘는(또는 거기에 못 미치는) 삶을 살며 불만과 고통에 시달리는 사람을 본 적이 있는가?

당연히 있을 것이다. 그런 사람을 목격하기는 어렵지 않다. 열심히 일하는데도 '잘살지 못하는' 사람이 얼마나 많은가? 그리고 가장 안타까운 점은 이 불행한 사람들 가운데 다수가 그것을 자기 탓이라고, 자신이 실패했기 때문이라고 생각한다는 점이다. 그들은 적절하고 합당한 노력을 기울였다. 그런데도 못살고 있다. 어쩌면 노력이 부족

했거나 운이 따르지 않았는지도 모른다. 아니면 애초에 성공과는 어울리지 않는 사람이었을지도 모른다.

터무니없는 이야기는 그만하자. 문제는 '열심히 일하면 성공한다'는 것은 근거 없는 통념일 뿐이라는 데에 있다.

내 말을 오해하지 말기 바란다. 부를 구축하고 재정적 자유를 얻는 데에 노력이 필요 없다는 얘기는 아니다. 당연히 노력이 필요하다. 그것도 많은 노력이. 나는 부를 구축하는 쉽고 빠르고 편한 방법을 가르쳐 주겠다는 멍청이들의 말을 믿을 만큼 당신이 순진하지 않기를 바란다. 만약 그 정도로 순진하다면, 매우 싼값을 지불하고 일시적 부의 세계로 넘어갈 수 있는 다리를 소개해 주겠다. 서브프라임 모기지 및 신용 부도 스와프로 이뤄진 그 망할 시스템이 아마 제격일 것이다.

그렇다. 부를 쌓기 위해서는 노력이 필요하다. 문제는 '어떻게 노력할 것인가?'이다.

지금 이렇게 생각했을지도 모른다. "'어떻게?'라니! 당연히 돈을 벌기 위해 노력해야지!" 하지만 잠깐 진정하라. 우리 사회가 가진 사고방식의 슬픈 오류 이면에는 다음과 같은 냉혹하고 무정한 진실이 숨어 있기 때문이다.

돈을 벌기 위해 열심히 일하는 것은 부의 창출에 아무런 도움이 되지 않는다.

수입을 위해 일하는 사람들은 아무리 더 열심히 일해도 결국 더 많은 세금을 낼 뿐이다. 열심히 일해서 돈을 벌겠다는 생각은 버려라. 그렇게 번 돈은 결국 지출하게 되고, 그러고 나면 또다시 열심히 일하는 수밖에 없다.

당신은 이렇게 묻고 싶을 것이다. "좋아요. 그럼 뭘 해야 합니까?" 당신은 '통제권을 손에 넣어야' 한다.

무슨 통제권일까? 인생에서 대부분의 것들은 당신이 아무리 노력해도 통제할 수 없다. 당신은 시장을 통제할 수 없다. 피고용인들도, 사회의 경제도 통제할 수 없다. 그러나 당신이 주도적인 지배권을 갖고 '통제할 수 있는' 것이 있다. 바로 수입이 들어오는 원천이다.

진입 장벽

최상위 부자들은 대부분 사업을 구축하여 부자가 되었다. 빌 게이츠는 마이크로소프트를 설립했고 마이클 델은 기숙사 방에서 델 컴퓨터를 시작했다. 하지만 역사적으로 볼 때 진정한 B 사분면의 삶을 산 인물은 대단히 적다. B 사분면은 진정한 부를 창출하기에 가장 적합한 구역이지만, 동시에 대부분의 사람들이 쉽게 들어가지 못하는 진입 장벽이 존재하는 영역이기도 하다.

무엇보다도 대다수 사람들은 사업을 시작하는 데 필요한 현금이 없다. 오늘날 창업에 필요한 비용은 평균 500만 달러다. 또 맨손으로 처음부터 사업을 시작하는 것은 부자가 되는 방법 가운데 가장 위험한 길로 여겨진다. 창업 회사가 첫 5년 안에 실패할 확률은 약 90퍼센트에 이른다. 만약 당신이 야심차게 시작한 사업이 실패로 돌아간다면 한순간에 500만 달러를 날릴 수도 있는 것이다. 나는 사업을 시작하고 얼마 지나지 않아 두 번의 실패를 경험했다. 파산에 몰리지는 않았지만(정부 지원금 따위는 전혀 받지 않았다!) 수백만 달러의 손해를 본 것은 확실하다.

일반적으로 사업을 시작하면 임대료와 각종 공과금, 여타 제비용, 종업원 임금, 공급업체 대금을 지불해야 하며, 그렇지 않으면 사업을 지속할 수가 없다. 이때 아무것도 지급받지 못하는 사람은 누구일까? 바로 당신이다. 신규 사업을 시작했다면(내가 말하는 것은 나중에 '성공을 거둘' 사업이다.), 5년에서 10년은 수입을 얻지 못할 각오를 해야 한다.

앞에서 우리 부부가 낡은 토요타에서 잠을 자며 지냈던 시절의 이야기를 했다. 그 시절은 결코 즐겁지 않았다. 우리는 안락한 집을 제공해 줄 직장을 구할 수도 있었지만, 최악의 비참함을 경험하면서도(과장이 아니라 진짜 비참했다.) 피고용자가 되느니 노숙자를 택했다. 사업체 소유주가 되어 B 사분면의 삶을 사는 꿈을 이룰 수 있다고 믿었기 때문이다.

사람들은 대부분 이런 힘든 상황을 감당할 만한 정신적, 감정적, 신체적, 재정적 지구력을 갖고 있지 않다. 이런 상황은 혹독한 시련으로 변모할 수 있으며, 대개는 실제로 그렇다.

프랜차이즈는 어떨까?

프랜차이즈 사업은 리스크를 상당 부분 덜어 준다. 맥도날드나 서브웨이처럼 확실한 프랜차이즈를 택한다면 성공 가능성이 현저히 높아지며 사업을 위한 토대도 이미 마련되어 있는 상태다. 그러나 여전히 가장 큰 문제가 남는다. 현금을 마련해야 하는 것이다. 유명한 프랜차이즈를 사려면 10만 달러에서 150만 달러, 또는 그 이상의 비용이 들어가며, 이는 가맹점 권리 획득에만 들어가는 돈이다. 여기에다 사업을 위한 훈련, 광고, 지원 등의 명목으로 매월 본사에 납입하는 금액까지 추가된다.

한편 이 모든 것도 막대한 부를 보장하지는 못한다. 많은 경우 프랜차이즈 점주는 매출을 올리지 못할 때조차도 가맹권자나 본사에 계속 돈을 지불해야 한다. 만약 프랜차이즈가 성공을 거두더라도 처음 몇 년 동안은 당신에게 돌아오는 돈이 거의 없을 가능성이 높다. 그리고 대개 프랜차이즈 세 개 중에 하나는 결국 파산을 맞는다.

나의 가난한 아버지는 50세에 하와이 주지사 선거 출마라는 무모한 도전을 했다. 게다가 그가 맞선 상대 후보는 공교롭게도 그의 상사였다. 아버지는 선거에 졌을 뿐 아니라, 그 상사에 의해 해고를 당하고 다시는 하와이에서 일자리를 구하지 못하게 되었다. 이후 아버지는 모든 예금을 털어 "절대로 실패하지 않는 프랜차이즈"라고 광고하는 유명한 프랜차이즈에 투자했다.

절대로 실패하지 않는다던 그 프랜차이즈는 실패했고 아버지의 운명도 그렇게 되었다. 아버지는 사실상 모든 것을 잃었다.

이론적으로 프랜차이즈는 훌륭한 아이디어이나 현실적으로는 도박과 매한가지다. 그것도 테이블 옆에 가만히 다가가 참여하는 것만으로 큰돈을 지불해야 하는 도박이다.

비활성 소득의 힘

일부 공중화장실에 설치된 스프링 고정식 수도꼭지를 사용해 본 경험이 있는가? 물을 틀고 계속 그 상태로 손잡이를 붙잡고 있지 않으면 저절로 잠금으로 되돌아가는 방식이다.

대다수 사람들의 수입은 바로 이 수도꼭지처럼 움직인다. 조금씩 흘러나오는 돈을 벌고 있다가 손을 놓는 순간, 돈줄이 끊기는 상태로 돌아가 버리는 것이다. 이런 방식으로는 절대로 재정적 자유를 얻을 수 없다. 당신에게 필요한 것은 한번 틀어놓으면 계속해서 돈이 흘러나오는 재정 수도꼭지이다. 즉 '스스로 그 상태를 유지하는' 수도꼭지 말이다.

이것은 오늘, 내일, 또는 다음 주의 수입만 말하는 것이 아니다. 당신의 수입을 영구히 보장하는 문제에 관한 것이다. 이러한 재정 수도꼭지를 비활성 소득(passive income)이라고 하며, 다른 말로는 잉여 수입(residual income)이라고도 한다. 수입의 원천을 창출하는 데 필요한 노력과 자본의 투입을 멈춘 뒤에도 오랫동안 지속적으로 발생하는 수입을 말한다.

B 사분면으로의 이동은 그런 방향으로 나아가기 위한 중요한 첫 걸음이다. 하지만 모든 사업이 비활성 소득을 발생시키는 것은 아니다. 식당을 운영하는 사람이라면 음식을 만들어서 팔아야 수입을 얻을 수 있다. 에어컨 정비 업체를 운영한다면 정비 서비스를 제공해야 수입을 얻을 수 있다. 높은 연봉을 받는 의사와 변호사조차도 환자나 의뢰인을 확보해야만 돈을 벌 수 있다. 특정한 일주일 동안 그들의 지식과 서비스를 필요로 하는 환자나 의뢰인이 한 명도 없다면, 그 일주일간 수입 수도꼭지는 잠금 쪽으로 돌아가 버려 의사든 변호사든 들어오는 돈은 없어진다.

대부분의 사람들에게 필요한 것은 비활성 소득을 창출하는 수단이다. 이 점에 주목하여 나는 비활성 소득을 창출할 수 있는 다양한 사업 구조를 도널드 트럼프와 함께 평가한 뒤 『기요사키와 트럼프의 부자』라는 책을 발간했다.

우리는 진심으로 당신이 부자가 되기를 바란다. 부를 구축하는 것은 제로섬 게임이 아니다. 당신이 부자가 된다고 해서 나나 도널드, 혹은 다른 누군가의 부가 줄어드는 것이 아니라는 얘기다. 우리가 살고 있는 세상은 놀라울 만큼 풍요로운 곳이며, 지구상의 '모든 인류'에게 부를 허락할 만큼 풍부한 에너지와 재료, 재능, 창의력, 야망이 존재한다.

그래서 우리가 발견한 것은 무엇일까? 우리는 눈에 띄는 한 가지 사업 모델을 발견했다. 이 특별한 사업 모델은 비활성 소득을 창출하면서도 초기에 필요한 투자 비용은 비교적 낮다. 또 사업 운영 경비가 매우 적게 들며, 파트타임으로 시작할 수 있다는 유연성도 지닌다. 다시 말해 충분한 현금흐름이 생겨 원래의 직업을 그만두고 이 사업에만 전념할 수 있기 전까지는 파트타임으로 참여할 수 있다.

이 사업 모델은 바로 '네트워크 마케팅'이다. 자, 지금부터 네트워크 마케팅 세계의 문을 열고 들어가 보자.

2부

네트워크 마케팅의
여덟 가지 자산

———

네트워크 마케팅의
핵심 가치는 무엇인가?

Chapter 7

네트워크 마케팅과
나의 삶

여기서 한 가지 밝혀 둘 사실이 있다. 나는 네트워크 마케팅 사업에 '몸담았던' 적이 한 번도 없다. 나는 네트워크 마케팅 회사의 판매자나 소유자가 아니고, 그 어떤 네트워크 마케팅 회사와도 금전적 이해관계를 맺고 있지 않으며, 특정 회사를 홍보할 생각도 없다. 하지만 나는 네트워크 마케팅을 지지하는 옹호자이자 대변인으로서 오랫동안 이 사업과 관계를 맺어 왔으며, 이번 장에서 그 이유를 알려 주고자 한다.

내가 처음으로 네트워크 마케팅을 접한 것은 1975년이었다. 당시 내 친구가 새로운 사업 기회에 관한 설명회에 나를 초대했다. 나는 평소에 늘 사업 및 투자 기회를 조사하곤 했기 때문에 초대에 흔쾌히 응했다. 사업 설명회가 사무실이 아닌 개인 주택에서 열리는 게 조금

의아했지만 어쨌든 따라나섰다.

발표자가 직장 생활 대신 자신만의 사업을 구축하는 일의 가치를 설명하는 세 시간 동안 나는 귀를 기울여 들었다. 그가 말하는 요지는 대부분 수긍이 갔다. 그날 저녁 모임이 끝나고 친구는 나에게 참석 소감을 물었다. 나는 이렇게 답했다. "흥미로운 내용이었네. 하지만 나한테는 맞지 않는 것 같아."

나는 이미 사업 구축의 프로세스에 꽤 정통한 상태였다. 그런데 다른 사람들과 함께 사업을 구축할 필요가 어디 있단 말인가? 게다가 '네트워크 마케팅'이란다. 나는 사실 네트워크 마케팅이 뭔지 제대로 알지도 못하면서 그것을 '안다고 생각했고' 나에게 아무런 가치가 없는 분야라고 단정지어 버렸다.

그 네트워크 마케팅 설명회에 참석하고 얼마 지나지 않아, 두 동업자와 함께 시작한 나의 스포츠 지갑 사업이 붐을 일으켰다. 2년간의 고생이 성과를 올리기 시작한 것이다. 나와 동업자들에게 성공과 명성, 부가 쏟아져 내리는 것만 같았고, 서른 살이 되기 전에 백만장자가 되자던 우리의 다짐은 긴 시간의 노력과 희생 끝에 실제로 이루어졌다. (1970년대에 100만 달러는 실로 어마어마한 금액이었다.) 우리의 회사 이름과 제품은《서퍼Surfer》,《러너스 월드Runner's World》,《GQ》같은 잡지에 오르내렸다. 우리는 스포츠 잡화 세계에 등장한 빛나는 신인주자로 인정받았고, 세계 각지에서 거래 요청이 밀려들어 왔다. 그야말로 완벽한 성공이었다.

나는 적어도 이후 10여 년간은 네트워크 마케팅을 다시 떠올리지 않았다.

마음을 열다

이후 오랜 시간이 지나는 동안 내 마음이 서서히 열리기 시작했다. 그토록 승승장구하던 사업은 수년 만에 실패를 맞이했다. 그것은 내게 겸손을 가르쳐 준 긍정적인 경험이었다. 이 일을 계기로 나를 둘러싼 세상을 좀 더 자세히 관찰하며 질문을 던져 보기 시작했다. 부자 아버지가 해 주셨던 말씀이 가슴에 와 닿기 시작했고 나의 시야도 한층 성숙했다. 머지않아 나는 새로운 사업을 구축하여 성공했고 이후 또 다른 사업들을 이어 나갔다. 그리고 첫 번째 사업과 달리 이후 사업들은 꾸준히 유지했다.

> 개인적 성공으로 얻는 만족도 크지만, 다른 많은 이들의 성공을 도와줄 때 훨씬 더 큰 만족을 느낄 수 있다는 사실을 깨달았다.

그러는 동안 나는 혼자만 부자가 되는 것이 아니라 다른 사람들도 부자가 되게 돕는 방법을 찾는다는 관점에 강하게 매료되었다. 개인적 성공으로 얻는 만족도 크지만, 다른 많은 이들의 성공을 도와줄 때 훨씬 더 큰 만족을 느낄 수 있다는 사실을 깨달았다.

첫 번째 설명회 이후 15년 동안 나는 네트워크 마케팅에 대한 부정적인 이야기를 자주 들었고, 대개는 내가 아는 사람들을 통해서였다. 결국 나는 직접 나서서 그 진상을 파악해 보기로 했다.

1990년대 초 나는 백만장자가 되어 은퇴한 친구 빌을 만났다. 이 런저런 이야기를 나누던 중 글쎄, 그가 네트워크 마케팅 사업을 구축 하고 있다는 게 아닌가!

빌은 매우 날카롭고 세상 이치에 밝은 친구였다. 나는 그가 얼마 전 10억 달러 규모의 상업용 부동산 프로젝트를 완료했다는 사실을 알고 있었다. 그런 그가 도대체 왜 네트워크 마케팅에 발을 담갔는지 물어보지 않을 수 없었다. 그는 대답했다.

"수년간 많은 사람들이 내게 부동산 투자 비결을 알려 달라고 요 청했다네. 그들은 나와 함께 투자할 기회가 있는지 알고 싶어 하지. 하지만 그건 불가능한 일이야. 내 수준의 부동산 투자에 참여하려면 5~10만 달러가 필요한데 그들에겐 그만한 돈이 없거든.

사실 그들 중 다수는 돈이라곤 한 푼도 없다네. 두 달치 봉급만 끊 겨도 파산에 이를 사람도 있어. 따라서 그들은 아주 싸거나 돈을 걸 지 않아도 되는 거래를 찾지. 하지만 그런 투자에는 대개 큰 위험이 따르지. 네트워크 마케팅이라면, 사람들이 진지한 투자에 필요한 돈 을 벌 수 있도록 내가 실제적인 도움을 줄 수 있다네. 더 많은 사람을 도울수록 나는 더 많은 투자자를 얻는 셈이지!

게다가 배우고 성장하려는 열정을 가진 사람들과 함께 일한다는 게 굉장히 마음에 들어. 이미 다 안다는 듯한 태도를 가진 사람들과 일하는 건 정말 따분하기 짝이 없지. 그건 부동산 거래를 하면서 늘

겪었던 일이야. 반면 네트워크 마케팅 분야에서 만나는 이들은 새로운 아이디어를 반기는 사람들이라네."

빌과 대화를 몇 분 더 나눈 후 나는 일정 때문에 공항으로 급히 가야 했다. 하지만 이후 몇 달 동안 우리는 지속적으로 의견을 주고받았고, 내 마음속에는 네트워크 마케팅에 대한 존중과 신뢰가 자라나기 시작했다.

1994년 나는 본격적인 조사에 착수했다. 모든 네트워크 마케팅 설명회에 참석해 열심히 귀를 기울였다. 회사별로 제공하는 팸플릿을 모두 살펴보고 그들의 사업 실적을 꼼꼼히 검토했다. 내가 다른 어떤 사업에 투자를 고려할 때 조사하는 것과 똑같이 말이다. 그 결과 마음에 드는 몇몇 회사에는 직접 가입해서 더 많은 정보를 얻고, 그 조직 내에서의 경험은 어떤지 확인했다.

나중에는 일부 네트워크 마케팅 회사의 리더들도 만나 보았다. 그리고 그들이 하나같이 내 비즈니스 인생에서 만난 사람들 가운데 가장 똑똑하고, 친절하고, 윤리적이고, 도덕적이고, 영적이며, 전문가다운 사람으로 꼽아도 모자람이 없다는 사실에 놀라지 않을 수 없었다. 일단 나 자신의 선입견을 내려놓은 채 대화를 나눠 보니 내가 네트워크 마케팅 산업의 핵심에 근접했다는 사실을 알게 되었다. 그리고 내가 깨달은 내용은 경탄할 만한 것이었다.

1975년 첫 번째 설명회에서 네트워크 마케팅 사업의 개념을 우연히 접한 이래로 내 마음은 줄곧 굳게 닫혀 있었다. 20여 년이 지나고 나서야 내 시각이 완전히 바뀐 것이다.

때때로 사람들은 내게 이렇게 묻는다. "당신 자신은 네트워크 마케팅을 통해 부자가 된 게 아니면서, 사람들에게 부를 구축하는 방법으로 그것을 추천하는 이유가 무엇입니까?"

실은 네트워크 마케팅으로 큰돈을 벌지 '않았기 때문에' 나는 이 사업에 관해 좀 더 객관적인 시각을 유지할 수 있다. 나는 외부인으로서 이 사업을 높이 평가하게 되었고, 그것은 내가 이미 부를 구축하고 재정적 자유를 얻은 다음에 일어난 일이었다.

만일 지금 모든 걸 처음부터 다시 시작해야 한다면, 나는 구식 비즈니스를 구축하기보다는 네트워크 마케팅 사업을 출발점으로 삼는 편을 택할 것이다.

그렇다면 네트워크 마케팅이란 무엇인가?

앞서 나는 네트워크 마케팅 사업을 직접 해 본 적이 없다는 사실을 밝혔다. 따라서 네트워크 마케팅 사업 경험이 있는 인물 한 명을 이 책에 초대하여 그의 통찰력을 공유하는 기회를 마련하겠다.

나의 지인 존 플레밍은 건축가로서 사회생활을 시작했으며(한때 그 유명한 미스 반데어로에의 밑에서 일했다.), 이는 내가 네트워크 마케팅에 대한 그의 접근법을 존경하는 이유 중 하나다. 그는 네트워크 마케팅 사업에서도 실용적 설계와 기능적 구조물에 대한 열정을 드러낸다. 다시 말해 그는 오랫동안 존속하는 구조를 구축하는 일의 가치를 제대로 볼 줄 아는 사람이다.

존은 네트워크 마케팅에 몸담은 40여 년의 경험을 갖고 있다. 그는 자신의 회사를 소유하고 운영했으며 여러 기업에서 중역을 역임했다. 네트워크 마케팅 업계에서 최고로 인정받는 기업 가운데 한 곳에서 지역 부사장을 거쳐 세일즈 전략 및 교육 훈련, 개발 담당 부사장으로 15년간 재직했다. 또 업계의 다양한 단체에서 활발히 활동해 왔으며, 1997년에는 직접판매교육재단(Direct Selling Education Foundation)으로부터 이 재단의 최고 영예상인 서클 오브 아너 어워드(Circle of Honor Award)를 받았다. 현재 존은 직접판매와 네트워크 마케팅 분야의 경영진을 주 독자층으로 하는 유력한 업계 간행물인《직접판매 뉴스 *Direct Selling News*》의 발행인 겸 편집장으로 활동하고 있다.

로버트 존, 아직 잘 모르는 독자들을 위해 질문하겠습니다. 네트워크 마케팅이란 정확히 무엇이며 그 작동 원리는 어떻게 됩니까?

존 네트워크 마케팅은 20세기 중반부터 다양한 형태로 나타났습니다. 기본적인 개념은 간단명료하면서도 탁월하지요. 제품이나 서비스의 홍보를 위해 온갖 종류의 전문 대행사와 마케팅 채널에 큰돈을 쏟아붓는 대신, 제품과 서비스에서 큰 만족을 느낀 사람들이 다른 사람들에게 그 경험담을 들려주고 수익도 올릴 수 있게 한다면 어떨까요?

이것이 바로 네트워크 마케팅 회사가 하는 일입니다. 그들은 발생하는 모든 판매 수익의 일부를 독립 사업자(independent representative)들에게 지불합니다. 대개 이 독립 사업자들은 자신이 판매하는 제품에 가장 헌신적으로 열광하는 소비자이기도 하지요.

로버트 여기서 잠깐 제가 선의의 비판자가 되어 의문을 던져 보죠. 그 방식이 실제로 어떻게 작동한다는 얘기입니까? 그러니까 전문적인 마케팅 기술이 없는 평범한 사람들이 정말로 상당한 수준의 매출을 올릴 수 있나요?

존 사실은 그게 바로 이 사업의 매력입니다. 마케팅 전문가나 할리우드의 영화 제작자, 대기업 운영자라면 누구나 알고 있듯이, 세상에서 가장 강력한 홍보 형태는 사람들 사이에 퍼지는 '입소문'입니다. 대기업들이 수백만 달러를 들여 TV 광고에 배우를 출연시키고 그들로 하여금 우리의 엄마처럼, 배우자처럼, 가장 친한 친구처럼, 자녀처럼 이야기하게 만드는 이유도 바로 그 때문입니다. 개인들 간에 이루어지는 입소문을 흉내 내는 것이지요.

네트워크 마케팅에서는 진짜 입소문을 이용합니다. 이 모델이 가진 진짜 힘(로버트 당신이 말하는 '레버리지'에 해당합니다.)은 독립 사업자인 당신이 다른 사람에게 소개하여 구매가 이뤄진 제품에 대해서만 수수료를 받는 게 아니라, '그 다른 사람'이 다른 누군가에게 소개하여 구매가 이뤄진 제품에 대한 수수료도 받는다는 점에 있습니다. 이런 수수료가 쌓이면 엄청나게 큰 금액에 달할 수 있지요.

그것이 제대로 작동하느냐고요? 당신은 이미 그 대답을 알고 있습니다. 오늘날 직접판매/네트워크 마케팅은 전 세계에서 연간 1100억 달러 이상의 매출을 기록하며, 대략 뉴질랜드나 파키스탄, 또는 필리핀의 경제와 비슷한 규모의 경제 블록을 형성하고 있습니다. (나는 이 사업 모델을 설명할 때 '직접판매'와 '네트워크 마케팅'이라는 두 가지 용어를 혼용하는 경우가 많다. 오늘날 대부분의 직접판매 회사들은 네트워크 마케팅에 초점을 맞추고 있기 때문이다. 하지만 이 책에서는 '네트워크 마케팅'이라는 용어만 사용하겠다.)

네트워크 마케팅 분야의 전체 매출이 지속적으로 증대하는 이유 중 하나는 이 사업이 진정한 윈윈(win-win) 게임이기 때문입니다. 이 분야의 기업들은 놀라운 수준의 시장 침투력과 고객 인지도를 확보하는데, 전통적인 마케팅에서는 그런 과정이 매우 힘들고 비용도 많이 들어갑니다. 또 독립 사업자들에게는 상당한 현금흐름 창출의 기회가 생깁니다.

이런 것이 어떻게 가능할까요? 입소문의 힘, 즉 직접 대면하는 인간관계의 힘을 이용하여 기업의 제품 및 서비스를 제공하는 견고한 네트워크를 형성하기 때문입니다.

로버트, 당신은 최소한 500명의 종업원이 고용된 B 사분면의 사업을 강조하곤 했지요. 네트워크 마케팅에서는 종업원을 고용하는 것이 아니라 독립 사업자로서 활동하는 개인들을 지원합니다. 하지만 네트워크 마케팅에서도 재정적 원동력은 동일합니다. 독립 사업자들의 네트워크가 300명, 400명, 혹은 500명 규모로 성장하면 당신은 막대한 잉여 수입을 가져다주는 훌륭한 조직을 소유하게 되는 겁니다.

네트워크 마케팅에 대한 관심

존이 설명하듯 이 모델이 강력한 힘을 발휘하는 이유는 '제대로 작동'하기 때문이다. 그리고 우리만 그렇게 생각하는 것이 아니다.

전설적인 경영 전문가이자 고전으로 통하는 베스트셀러 『초우량 기업의 조건』의 저자 톰 피터스는 네트워크 마케팅을 두고 이렇게 표현한다. "50여 년 전 프록터앤드갬블과 하버드 경영대학원에서 '현대적' 마케팅이 출현한 이래로 마케팅 분야에 처음으로 나타난 진정한 혁명적 변화이다."

《포브스》, 《포춘》, 《뉴스위크》, 《타임》, 《U.S. 뉴스 앤드 월드리포트》, 《USA 투데이》, 《뉴욕타임스》, 《월스트리트저널》 등의 다양한 매체들도 부상하고 있는 네트워크 마케팅의 성공 사례를 보도하고 있다. 15년 전만 해도 이 사업에 관심을 기울이는 매체는 단 하나도 없었다. 하지만 근래에 와서 《포춘》은 네트워크 마케팅을 다음과 같이 평가했다.

"모든 투자가의 꿈…… 비즈니스 세계의 마지막 비밀…… 지속적인 연간 성장세와 견실한 현금흐름, 투자 자본 대비 고수익, 세계시장 확대 가능성을 갖춘 산업."

워런 버핏과 리처드 브랜슨은 무척이나 상이한 삶을 사는 인물이다. 버핏은 오마하에 살고 있으며 픽업트럭을 운전하곤 한다. 반면 브랜슨은 영국령 버진 아일랜드에 있는 개인 소유의 섬에 살면서 전용 비행기를 탄다. 하지만 두 사람에게는 세 가지 공통점이 있다. 둘은 모두 억만장자이고, 극도로 실용주의적인 인물이다. 그리고 두 사람 모두 네트워크 마케팅 기업에 투자하고 있다.

무언가 느껴지지 않는가?

시티그룹과 자키, 로레알, 마스, 레밍턴, 유니레버의 공통점이 무엇일까?

이들 기업은 모두 네트워크 마케팅에 조금이라도 발을 담그고 있으며, 일부는 상당한 금액을 이 사업에 투자하고 있다.

오늘날 많은 전문가와 성공한 사업가들이 네트워크 마케팅을 세계에서 가장 빠른 속도로 성장하는 비즈니스 모델의 하나로 인정하고 있다.

Chapter 8

중요한 것은
'수입'이 아니라
수입을 발생시키는
'자산'이다

많은 사람들이 네트워크 마케팅의 가치를 이해하지 못하는 것은 이상한 일이 아니다. 실제로 네트워크 마케팅에 몸담고 있는 많은 사람들 역시 자신이 얻을 수 있는 가치를 제대로 이해하지 못하기 때문이다.

네트워크 마케팅 설명회에 참석한 사람들이 자주 던지는 질문은 이것이다. "이 사업에 참여하면 얼마나 많은 수입을 올릴 수 있습니까?" 그리고 네트워크 마케팅을 홍보하는 사람들도 이 사업을 하면 얻을 월 평균 수입을 강조하는 경우가 많다.

사람들이 월 평균 수입을 궁금해하는 이유는 E나 S 사분면의 삶을 기준으로 생각하기 때문이다. 현재 속한 E 또는 S 사분면의 수입을 보충하거나 대체할 무언가를 생각한다는 얘기다.

그러나 네트워크 마케팅의 진정한 가치는 단순히 수입에 있는 것이 아니다.

일을 해서 수입을 벌어들이는 방식에 수반되는 문제는 그것이 대단히 제한적이고 직선적인 과정이라는 점이다. 1시간 일하면 1달러를 번다. 2시간 일하면 2달러를 번다. 모든 것이 당신에게 달렸기에 당신은 절대로 일을 멈출 수 없다. 내가 전에 말했듯이 이것은 함정이다. 사람들은 대부분 본능적으로 그것을 알아채지만, 그 함정을 벗어나는 길은 더 많은 수입을 벌어들이는 것이라고 믿는다. 그러나 더 많은 소득을 올린다고 해서 수입에 얽매인 상태가 달라지는 것은 아니다. 사실 수입이 많아지면 당신을 죄는 올가미만 더욱 팽팽해질 가능성이 높다.

B와 I 사분면은 더 많은 수입을 올리는 데에 집중하지 않는다. 그 대신 수입을 '발생시키는' 자산을 소유하는 데에 집중한다.

집에 관한 진실

대부분의 사람들이 자산이라고 생각하는 것들은 자산이 아니다. 그것들은 사실상 부채다.

자산과 부채를 정의하는 기준은 현금흐름이지 가치라는 추상적 개념이 아니다. 생각해 보라. 그것이 당신의 주머니를 채워 주는 돈을 창출하는가, 아니면 주머니에서 돈을 빼내어 가는가? 모든 것은 당신에게 돈을 가져다주거나 당신 돈을 가져가거나, 둘 중 하나다. 만약 무언가가 당신에게 돈을 가져다주지 않는다면, 그것은 자산이 아니라 부채다.

사람들은 오랫동안 자신의 집을 현금지급기처럼 이용해 왔다. 즉 주택을 담보로 돈을 빌려 신용카드 대금을 갚고, 휴가를 떠나고, SUV를 구입하는 데에 마음껏 사용했다. 어쩌면 당신도 그랬을지 모른다. 만약 그랬다면, 그 이유는 주택이 자산이라는 전통적인 사고방식을 갖고 있기 때문이다. 하지만 사실 당신의 집은 지붕과 진입로가 달린 신용카드다.

그렇다면 자산이란 무엇인가?

대부분의 사람들은 자산에 대해 거꾸로 알고 있다. 사전을 뒤져보면 자산이란 "가치를 지닌 대상"이라고 나온다. 글쎄, 맞는 말이긴 하다. 그런데 문제는 '가치'라는 애매모호한 단어다. 여기서 질문을 하나 던지겠다.

"당신의 집이 지닌 가치는 얼마인가?"

이번에는 같은 질문을 조금 다른 방식으로 물어보겠다.

"당신의 집은 당신에게 다달이 얼마의 수입을 가져다주는가?"

이런 대답이 나올 확률이 높다. "글쎄, 그런 건 없는데요. 오히려 유지 관리비, 수리비 등으로 매달 적지 않은 돈을 집에 쏟아붓고 있습니다."

그렇다. '당신의 집은 자산이 아니라 부채이기 때문'이다.

당신은 이렇게 말할 것이다. "잠깐만요. 하지만 우리 집은 수십만 달러의 가치를 가지고 있다고요!"

과연 그럴까? 언제 그런 가치를 갖는다는 말인가? 당신이 그것을 팔아 처분하는 미래의 어느 이론적인 시점에 말인가? 하지만 집을 팔고 나면 어디에 거주할 것인가? 집을 팔아서 그 돈으로 다른 집을 구매할 것인가? 물론 그래야 할 것이다. 그렇다면 실제적인 가치, 즉 당신이 원하는 것을 사거나 투자에 활용할 수 있는 실질적인 재량 소득은 어디에 있는가? 그런 것은 없다. 당신의 집은 자산이 아니다. 그것은 돈을 쏟아부어야 하는 구덩이나 매한가지다.

구덩이와 자산을 구별하는 방법

사전적 정의는 잠시 접어 두고 현실 세계의 이야기를 해 보자. 자산이란 당신을 위해 일하는 무언가이므로 당신은 평생 일할 필요가 없어진다. 나의 가난한 아버지는 언제나 이렇게 말했다. "직장에 들어가 열심히 일해라." 반면 부자 아버지는 이렇게 말했다. "자산을 구축해라."

B 사분면의 삶이 가진 강점은 사업을 구축함으로써 자산을 구축한다는 사실이다.

우리의 '부자 아빠' 비즈니스는 전 세계에 지사를 갖고 있다. 내가 일을 하건 잠을 자건 골프를 치건, 내 통장으로 꼬박꼬박 돈이 들어온다. 이런 것이 비활성 소득, 즉 잉여 수입이다. 나는 직장에서 열심히 일하는 대신 자산을 구축하기 위해 열심히 노력한다. 이유는 간단하다. 나는 임금 노동자가 아니라 부자의 방식대로 생각하기 때문이다.

사업체를 소유한다는 것은 곧 자산을 소유하는 것이다. 따라서 네트워크 마케팅 사업을 구축하면 중요한 실생활 기술을 익힐 수 있을 뿐만 아니라 자신을 위해 진정한 자산을 쌓게 된다. 직장에서는 수입을 얻는다. 반면 네트워크 마케팅에서는 수입을 얻는 대신 자산(즉 당신의 사업)을 구축하고, '그 자산이 수입을 발생시킨다.'

나는 내게 돈을 가져다주는 대상에만 투자한다. 대상이 나에게 돈을 벌어 주면, 그것은 자산이다. 내게서 돈을 가져간다면, 그것은 부채다. 나에겐 포르쉐가 두 대 있는데 이것은 부채라 할 수 있다. 나는 그것들을 어딘가에 저당 잡히지 않은 채 온전히 소유하고 있지만, 그것들이 내게 돈을 가져다주지는 않는다. 오히려 돈을 빼내어 갈 뿐이다. 이는 누구라도 이해할 수 있는 쉬운 개념이다.

이 사실을 아는 사람들에게 대개 최고의 자산은 사업체이며 그에 버금가는 자산은 부동산이다. 부동산의 경우에도 현금흐름과 자본 이득의 차이를 반드시 이해해야 한다. 대부분의 사람들이 이 차이점을 구분하지 못한다. 그들은 자본 이득을 위해 투자한다. 그들은 이렇게 말한다. "우리 집의 가치가 올랐다." "내 차의 가치가 올랐다."

그것은 자본 이득이지 현금흐름이 아니다.

부동산을 소유하는 목적은 자산으로 유지하기 위해서지 이윤을 남기고 매도하기 위해서가 아니다. 만약 10만 달러를 주고 부동산을 구매한 뒤 20만 달러에 팔았다면, 그것은 자산이 아니다. 당신은 그저 10만 달러의 자본 이득을 올린 것뿐이다. 당신은 그 이득을 획득하기 위해 자산을 처분했다. 자산을 죽여 버렸다는 얘기다. 이는 소를 팔아서 돈을 번 것과 같다. 만일 나라면 소를 소유한 채 우유를 내다 팔 것이다.

이는 봉급생활자가 가진 가장 큰 문제다. 직장은 자산이 아니다. 당신은 직장을 이베이에 올려 판매할 수 없다. 누군가에게 대여할 수도 없다. 그로부터 배당금을 얻을 수도 없다. 어째서 수십 년을, 그것도 인생의 가장 멋진 시기를, 자산이 아닌 무언가를 구축하기 위한 노동으로 허비하는가? 혹은 더 정확히 말하면 당신의 것이 아닌 '다른 사람의' 자산을 구축하는 일에 시간을 소모하는가?

착각해서는 안 된다. 직장에서 일할 때 당신은 자산을 구축하고 있기는 하다. 그것이 '당신의' 자산이 아닐 뿐이다.

우리는 좋은 직장에 근무하는 것에는 모종의 고유한 가치가 있다고 반복적으로 배웠다. 하지만 거기에는 아무런 가치가 없다. 전혀. 설상가상으로 직장에서 얻는 수입에는 다른 어떤 형태의 소득보다 높은 세율이 적용된다. 봉급생활자는 지극히 불리한 입장에 처한 것이다! 그럼에도 일부 사람들은 E 사분면의 '안전함과 안정감'을 보장

받기 위해 그런 대가를 기꺼이 치른다.

네트워크 마케팅의 핵심은 제품 판매나 수입 획득이 아니다

네트워크 마케팅에 관한 가장 일반적인 오해는 이 사업이 '판매업'이라는 인식이다. 그러나 판매는 그저 더 많은 수입을 올리는 활동일 뿐이다. 이때 문제는 판매 활동을 멈추면 수입도 멈춘다는 점이다.

판매원은 직장이 있다. 당신이 백화점 판매대에서 일한다면 E 사분면에 속한다. 혼자서 일하며 보험이나 주택, 귀금속을 판매한다면 S 사분면에 속한다. 하지만 어느 쪽이든 당신은 직장을 갖고 있고 당신이 맡은 일은 판매다.

그것은 부나 자유를 구축하는 활동이 아니다.

당신에게 필요한 것은 또 다른 직장이 아니다. 당신에겐 '위치 이동', 즉 B 사분면으로의 이동이 필요하다.

존 로버트, 정확한 지적입니다. 사람들은 종종 네트워크 마케팅 분야에서의 성공이란 곧 '높은 판매 실적'을 의미한다고 생각하지요. 하지만 네트워크 마케팅의 핵심은 특정 제품이나 서비스를 능숙하게 판매하는 것이 아닙니다. 아무리 판매 능력이 뛰어나다고 해도(솔직히 말해 당신이 대부분의 사람들과 비슷하다면 스스로 판매 실력이 '아주 뛰어나다'고 생각하진 않을 겁니다.), 판매 활동을 통해 벌어들일 수 있는 수입에는 한계가 있으니까요.

어쨌거나 하루 동안 일할 수 있는 시간은 한정되어 있지 않습니까?

네트워크 마케팅의 핵심은 '제품의 판매'가 아니라 '네트워크의 구축'이다. 즉 동일한 제품이나 서비스를 애용하고 대변하며 그것을 다른 이들에게 알리는 사람들로 구성된 네트워크 말이다.

이 사업의 목표는 당신이나 어떤 개인이 제품을 많이 파는 것이 아니다. '많은 사람'이 스스로 충성스러운 고객이 되고, 적절한 숫자의 고객들을 대상으로 판매 및 서비스 활동을 펼치고, 다른 사람들을 모집하여 그 모든 과정을 알려 주는 것이 이 사업의 목표다.

당신이 독립 사업자들로 이루어진 네트워크를 구축해야 하는 이유는 이것이다. 그런 네트워크를 구축하면 무엇을 얻게 될까? 바로 당신을 위해 수입, 즉 '비활성 소득'을 발생시키는 자산이다.

네트워크 마케팅의 초점이 판매 활동이나 판매원이 되는 것에 있지 않은 이유에 대해서는 13장에서 존의 설명을 통해 더욱 자세히 알아볼 것이다. 당신은 그 내용에 귀를 기울여야 한다. 대부분의 사람이 모르고 있는 핵심 포인트이기 때문이다. 하지만 일단 여기서는 다음 사실을 강조해 두고 싶다.

"네트워크 마케팅은 더 많은 수입을 올리기 위한 활동이 아니라 자산을 구축하기 위한 활동이다."

더 정확히 말하면 '여덟 가지' 자산을 동시에 구축하는 활동이다. 지금부터 그것을 하나씩 차례대로 살펴보겠다.

Chapter 9

^{자산 1} **현실 세계의
비즈니스 교육**

먼저 고백해야 할 것이 있다. 나는 읽는 속도가 더딘 편이다. 많은 책과 자료를 읽기는 하지만 속도가 무척 느리다는 뜻이다. 또 같은 책을 두세 번은 읽어야 내용을 제대로 이해할 때도 많다. 게다가 글 재주도 없다. 사실 고등학교 시절에 작문에서 두 번이나 낙제점을 받았다.

그런데 아이러니한 사실이 있다. 학창 시절에 작문에서 낙제하고 지금도 글쓰기 실력이 별로 뛰어나지 않은 이 C등급의 학생이 일곱 권이나 되는 저서를 《뉴욕타임스》 베스트셀러에 올렸다는 점이다.

내가 하고 싶은 말은? 학교에서 좋은 성적을 받는 게 전부는 아니라는 얘기다.

오해하지 말기 바란다. 학교 교육의 역할을 경시하려는 의도는 아니다. 나는 교육의 힘을 믿는다. 진심으로. 다만 내가 가장 가치 있다고 믿는 교육은 인생의 성공을 위해 진짜로 배워야 할 것을 가르치는 것이다.

내가 사람들에게 네트워크 마케팅을 권유할 때 언제나 강조하는 첫 번째 이유는 수많은 훌륭한 제품, 인생을 바꿀 만한 제품을 홍보할 수 있기 때문이 아니다. 또 수입이 높다거나 재정적 자유를 얻을 수 있기 때문도 아니다.

물론 네트워크 마케팅 사업에서 훌륭한 제품을 판매하는 경우가 많고, 나는 이 사업이 부를 구축하는 진정한 방법을 가르쳐 준다는 점을 매우 높이 산다. 그러나 이것들은 네트워크 마케팅 경험에서 얻을 수 있는 가장 중요한 혜택은 아니다. 당신이 그 경험을 통해 얻을 수 있는 가장 중요한 것은 바로 '현실 세계의 비즈니스 교육'이다.

세 가지 교육

재정적인 성공을 거두려면 세 가지 교육이 필요하다. 학교 교육, 직업 교육, 재정 교육이다.

'학교 교육'을 통해 우리는 읽고 쓰는 법과 셈하는 법을 배운다. 특히 요즘과 같은 세상에서는 학교 교육이 매우 중요하다. 개인적으로 나는 학교에서 좋은 성적을 받지 못했다. 앞서 말했듯이 학창 시절 중에 대부분 C등급 학생이었다. 이유는 간단하다. 학교에서 배우는 내용에 그다지 흥미를 느끼지 못했기 때문이다.

'직업 교육'은 돈을 벌기 위해 일하는 법을 가르친다. 다시 말해 E 와 S 사분면에서 살아가기 위한 준비를 돕는다. 학창 시절에 내 주변의 똑똑한 아이들은 의사나 변호사, 회계사가 되기 위한 공부를 했다. 다른 아이들은 직업 전문학교에 들어가 간호조무사나 배관공, 건축업자, 전기 기술자, 자동차 정비공이 되기 위한 기술을 배웠다.

나는 이쪽에서도 뛰어나지 않았다. 학교에서 공부를 잘 못했기 때문에 의사나 변호사, 회계사가 되는 것은 꿈도 못 꿨다. 대신 항해사가 되었다가 이후 해병대의 헬리콥터 조종사로서 베트남 전쟁에 참전했다. 스물세 살이 되었을 때 나는 항해사와 조종사라는 두 개의 직업을 경험한 상태였다. 하지만 둘 중 어느 쪽도 많은 돈을 버는 직업으로 이용하지 않았다.

'재정 교육'은 '당신이 돈을 위해' 일하는 것이 아니라 '돈이 당신을 위해' 일하게 만드는 법을 배우는 것이다. 경영대학원에서 재정 교육을 받는 것이라고 생각하기 쉽지만, 일반적으로 사실은 그렇지 않다. 대개 경영대학원에서는 똑똑한 학생들을 선발해 부자들을 위해 일하는 기업 경영진이 되게 교육한다. 다르게 표현하면 학생들에게 E 사분면의 상위층 삶을 사는 데 필요한 교육을 제공한다. 하지만 '여전히' E 사분면에 머무를 뿐이다.

베트남에서 돌아온 뒤 나는 학교로 돌아가 MBA 학위를 딸까 생각했다. 하지만 부자 아버지는 나를 말렸다. "전통적인 학교에서 MBA 를 획득하는 것은 부자들을 위해 일하는 종업원이 되는 훈련이다. 너 자신이 부자가 되고 싶다면 학교 교육은 더 이상 필요 없다. 네게는 현실 세계의 재정 교육이 필요해."

중요한 기술

사업가가 되어 B 사분면의 사업을 구축하는 것은 쉽지 않다. 사실 나는 B 타입의 사업 구축이 가장 힘겨운 도전 과제 중 하나라고 생각한다. E와 S 사분면의 삶을 사는 사람이 그토록 많은 이유는 B 사분면보다 노력이 덜 필요하기 때문이다. B 사분면에 정착하기 쉽다면 누구나 거기에 포함되어 있지 않겠는가?

사업에 성공하고 싶다면, 학교에서는 배우지 않았을 가능성이 높은 전문적 기술들을 배워야만 한다. 예컨대 체계적으로 계획을 수립하거나 자신만의 의제를 설정하는 기술 등이 해당한다.

이것은 생각보다 중요하면서도 어려운 일이다. 네트워크 마케팅이라는 영역에 발을 들인 사람들은 때때로 일종의 문화 충격을 경험하는데, 이는 대개 시키는 일만 하면서 사는 데 익숙하기 때문이다. E 사분면에서 죽도록 열심히 일했을지는 모르나, 목표나 실천 계획을 세우고, 스스로 의제를 설정하고, 시간을 관리하고, 일련의 생산적 활동을 수행해 본 경험은 없는 것이다.

이와 같은 기본적인 기술을 갖추지 않은 사람이 수없이 많다는 사실은 통탄할 일이다. 하지만 그다지 놀랍지는 않다. 어차피 E 사분면에서는 필요 없는 기술이기 때문이다. 그러나 B 사분면에 진입하려면 이것들은 선택사항이 아니다. 수표책을 결산하고 재정 계획을 짜고 연례보고서 읽는 법을 아는 것만큼이나 중요한 기술이다.

부자들은 세금 혜택을 누린다

네트워크 마케팅을 처음 시작한 사람은 재택근무 사업에 따르는 상당한 세금 혜택을 알고 크게 놀라는 경우가 많다.

사람들은 대부분 자신과 달리 부자들이 온갖 종류의 세금 혜택을 누린다는 사실을 막연하게나마 알고 있다. 하지만 그들은 평생 E 사분면에서 살아온 탓에 그 혜택이 무엇이며 어떤 원리로 그런 혜택이 발생하는지 전혀 모르는 경우가 많다. 그래서 새로운 사업을 개시한 첫날부터 자신도 부자와 똑같은 세금 혜택을 누리며 상당한 금액을 주머니에 챙길 수 있다는 사실을 알고는 몹시 놀란다.

최근 미국에서는 세금 정책의 변화와 소규모 사업체 소유주 및 자영업자를 위한 보험 제도의 증가로 인해, 대기업에 맞먹거나 심지어 그것을 능가하는 세금 혜택을 누리는 일이 그 어느 때보다 쉬워졌다. 원래의 직장을 계속 다니면서 남는 시간에 네트워크 마케팅 사업을 시작함으로써, 누구나 부자들의 세금 혜택을 누리기 시작할 수 있다. 파트타임 사업을 가진 사람은 직장에 소속된 피고용인보다 더 많은 세금 공제를 누릴 수 있다.

| 사무집기 비용 | 자동차,주유비 | 가정용 컴퓨터 | 인터넷&전화 | 여행,외식,숙박 | 개인 상품 구매 |

위 그림의 내용은 당신이 이미 비용을 쓰고 있는 항목들 중에 재택 기반 네트워크 마케팅 사업을 시작하면 합법적인 세금 공제를 받을 수 있는 항목들 일부다. 다만 예시의 목적을 위해 제공한 것이다. 여러분 각자의 상황에 맞는 세금 상담을 위해서는 전문 세무사와 얘기를 나눠 보기 바란다.

> 네트워크 마케팅의 매력 가운데 하나는 그 수수께끼의 장막을 걷어 내고 B 사분면의 삶을 보여 주기 시작한다는 점이다.

예를 들어 당신은 자동차 비용과 주유비, 일부 식비, 여가 오락 비용에서 세금 공제를 받을 수 있다. 물론 당신의 개별 상황에 따른 정확한 세금 문제를 확인하려면 공인회계사의 도움을 받아야 한다. 미국에서는 '공인회계사 상담 비용 역시 세금 공제 항목'이다! 다시 말해 정부는 당신이 정부에 세금을 덜 내는 방법을 알기 위해 전문적 조언을 받을 때 드는 비용에도 세금 혜택을 주는 것이다.

내가 이런 이야기를 하는 이유는 새로운 사업을 시작하는 첫날부터 절세로 인해 상당한 경제적 이득을 얻는다는 점을 알려 주기 위해서만은 아니다. 그보다 강조하고 싶은 것은 대부분의 사람들이 B 사분면의 삶에 대해 너무나도 모른다는 사실이다!

사람들이 B 사분면의 세금 이점을 알고 깜짝 놀라는 이유는 대다수 사람들에게 B 사분면이 전설의 낙원 아틀란티스와 같기 때문이다. 네트워크 마케팅의 매력 가운데 하나는 그 수수께끼의 장막을 걸어 내고 B 사분면의 삶을 보여 주기 시작한다는 점이다.

현실 세계의 비즈니스 교육에 첫발을 내디딘 당신을 환영하는 바이다!

실생활 기술

비즈니스의 성공은 단순히 전문 기술의 문제가 아니다. 그보다 훨씬 중요한 것은 B 사분면을 향한 도약을 성공시키는 실생활 기술이다. 장기적 성공을 가능케 하는 열쇠는 교육과 기술, 인생 경험, 그리고 무엇보다도 당신의 인성이다.

예를 들어 나는 자기 회의와 자신감 부족, 거절에 대한 두려움을 극복하는 법을 배워야 했다. 내가 습득해야 했던 또 다른 자기 계발 기술은 실패한 후 스스로를 추슬러 계속 전진하는 법이었다. 이는 B 사분면 사업에서 성공을 바라는 사람이라면 반드시 계발해야 할 자질이다. 그것이 네트워크 마케팅 사업이든, 프랜차이즈든, 새로 창업하는 기업이든 말이다.

학교에서 이런 것들을 배우지 않았다면, 그리고 일터에서도, 자라는 동안 부모님에게서도 배우지 않았다면 어디서 배워야 한단 말인가? 비즈니스를 구축하게 도와줄 뿐만 아니라 당신의 교육과 자기 계발에도 시간을 투자하는 사업을 어디에서 찾을 수 있을까?

그 답은 바로 네트워크 마케팅이다.

> 네트워크 마케팅은 피고용인의 기술이 아니라 사업가에게 필요한 현실 세계의 기술을 배우려는 사람들을 위한 실생활 비즈니스 스쿨의 역할을 한다.

존 로버트, 당신은 언제나 비즈니스 교육을 네트워크 마케팅 사업이 지닌 최고의 장점으로 꼽는군요. 나 역시 그 점에 대단히 큰 가치가 있다고 생각합니다. 많은 사람들이 네트워크 마케팅을 경험하면서 다른 곳에서는 배우지 못했을 기술들을 배우고 자신의 다양한 측면을 개발합니다.

네트워크 마케팅 회사는 두려움을 극복하는 법, 효과적으로 커뮤니케이션 하는 법, 거절하는 사람의 심리를 이해하는 법, 거절이나 여타의 어려움에 직면해도 끈기를 잃지 않는 법을 사람들에게 가르쳐 줍니다. 네트워크 마케팅 회사의 실생활 교육 프로그램에서 가르치는 중요한 기술은 다음과 같습니다.

- 성공에 대한 태도
- 성공을 위한 옷차림 방법
- 두려움과 의심, 자신감 결여의 극복
- 거절에 대한 두려움의 극복
- 커뮤니케이션 기술

- 대인관계 기술

- 시간 관리 기술

- 책임감 기술

- 실제적 목표 설정

- 재정 관리 기술

- 투자 기술

훌륭한 네트워크 마케팅 회사는 이 모든 영역에 걸쳐 충실한 교육 프로그램을 제공하지요. 이런 교육은 값을 따질 수 없을 만큼 대단히 중요합니다.

사실 상당한 돈을 지불한다 해도 이 모든 교육을 받을 수 있는 기회를 찾기는 쉽지 않을 겁니다. 게다가 '가르치는 쪽이 배우는 사람에게 돈을 지불하는' 곳이 그 어디에 있겠습니까?

네트워크 마케팅 세계에서 흔히 회자되는 표현이 있습니다. 이 사업을 두고 "배우면서 돈도 버는" 비즈니스라고들 하지요. 이 업계에 대한 핵심 포인트를 보여 주는 멋진 말입니다. 교실에 앉아 남의 설명만 들으며 몇 년을 보내는 것이 아니라 '직접 일을 하면서' 배워 나간다는 핵심 말입니다.

네트워크 마케팅에서 교육은 이론을 뛰어넘는 무엇입니다. 경험을 토대로 하는 것이지요. 그리고 당신이 참여한 특정 프로그램에서 최고의 위치에 오르지 못하거나 엄청난 돈을 벌지 못한다 할지라도, 그런 교육은 당신의 인생에서 엄청난 가치를 지닙니다. 실제로 네트워크 마케팅에서 접한 교육과 경험을 발판 삼아 다른 사업 분야에서 큰 성공을 거두는 사람도 많습니다.

이것이 바로 진짜 핵심이며 내가 그동안 사람들에게 이 사업을 권유해 온 가장 큰 이유다. 훌륭한 네트워크 마케팅 회사에서는 비즈니스를 위한 토대를 제공할 뿐만 아니라 성공에 필요한 기술과 자질을 개발하도록 당신을 지원해 준다.

네트워크 마케팅은 피고용인의 기술이 아니라 사업가에게 필요한 현실 세계의 기술을 배우려는 사람들을 위한 실생활 비즈니스 스쿨의 역할을 한다.

chapter 10

자산 2 **자기 계발을 이끄는 유익한 길**

당신은 아마도 이렇게 말할 것이다. "기요사키, 갑자기 웬 엉뚱한 말입니까? '자기 계발의 길'이라니, 이런 감상적인 얘기가 다 뭔가요? 나는 심리 훈련 상담 같은 건 필요 없어요. 생계 걱정이 우선이라고요. 나는 부를 쌓고 싶은 것이지 영적 교감 따위를 찾는 게 아니란 말입니다!"

성급하게 굴지 마라. 엉뚱한 얘기가 아니다. 현실적인 얘기를 하려는 것이다. 부자가 되는 것은 슬롯머신에 넣은 50센트 동전이 가져다주는 행운이 아니다. 그리고 당신은 단순히 추가 수입을 올리기 위한 새로운 방법을 찾는 것이 아니다. 당신의 핵심 가치에 실제적인 변화를 일으키는 중이다. 이는 단지 직업을 바꾸는 문제를 넘어, 사실상 '당신 자신'을 변화시키는 일이다.

나의 동료 도널드 트럼프는 현재 수십억 달러의 자산을 가졌지만 부동산 시장 붕괴로 모든 것을 잃었던 시기도 있었다. 그는 92억 달러의 부채를 졌던 경험을 들려주었다. "하루는 거리에서 거지를 보았는데 그 거지가 나보다 92억 달러를 더 가진 셈이나 마찬가지라는 생각이 들지 뭡니까!" 그러나 머지않아 도널드는 정상의 자리를 되찾았다. 어떻게 가능했을까? 그의 '자아' 덕분이었다. 더 정확하게 얘기하면, 그가 어떤 사람으로 변화했는지가 중요한 역할을 했다.

나도 비슷한 경험이 있다. 나는 서른 살에 백만장자가 되어 있었다. 그로부터 2년 뒤 내 회사는 파산을 맞았다. 사업 실패는 결코 즐거운 경험이 아니었지만 소중한 배움의 기회가 되었다. 그 고난의 시기에 정말 많은 것을 배웠다. 사업에 대해서도 많은 것을 깨달았지만, 나 자신에 대해 훨씬 더 큰 깨달음을 얻었다. 내가 추락을 겪은 후 부자 아버지는 말했다.

"돈과 성공은 사람을 거만한 바보로 만든다. 이제 빈곤과 겸손을 얻었으니 너는 다시 배우는 사람이 될 수 있겠구나."

그분이 옳았다. 그때 경험에서 얻은 교훈이 매우 소중하다는 것을 나는 시간이 흐를수록 절감했다. 세계적 규모의 사업을 구축했다가 잃은 경험에서 현실 세계의 교훈을 얻었고, 그것은 결국 나를 부자로 만들어 주었다. 더욱 중요한 것은 그 배움 덕분에 자유를 얻었다는 사실이다. 그리고 그 과정에서 내가 배운 가장 중요한 것은 비즈니스와 돈에 대한 것이 아니었다. '나 자신'에 대한 깨달음이었다.

이와 관련해 존에게 질문을 던져 보았다. 그의 대답이 내 생각과 같다면, 당신이 내 말을 이해하는 데 도움이 될 것이다.

로버트 존, 분명 네트워크 마케팅을 시작한 모든 사람이 똑같은 수준의 성공을 거두는 것은 아닙니다. 당신의 경험에 비춰 볼 때, 사람들이 네트워크 마케팅에서 기대한 만큼 성공을 거두지 못하는 가장 큰 이유는 무엇입니까?

존 성공의 정의는 사람마다 다릅니다. 한 사람에게 중요한 것이 다른 사람에겐 그렇지 않을 수도 있지요. 어떤 사람들은 현재의 수입을 보충하는 선에서 만족하지만, 또 어떤 사람들은 잠재적 수입과 라이프스타일에 현저한 변화를 가져올 비즈니스 기회를 추구합니다. 실패라는 것은 매우 넓은 의미에서 정의해야 합니다. 한 달에 1,000달러라는 수입은 상당한 규모의 사업을 구축하려는 사람에겐 실패로 여겨지겠지만, 가계 수입의 충분한 보충을 목표로 삼은 주부에게는 커다란 성공일 수 있지요.

이렇듯 사람마다 목표는 다를지라도, 네트워크 마케팅에 꾸준히 매진하는 사람들은 계속 발전하는 경우가 많습니다. 사실 제가 생각하기에 실패하는 유일한 길은 중간에 포기하는 것입니다.

그런데 이것을 제대로 설명하려면 좀 더 자세히 들어가 볼 필요가 있습니다. 그것은 단순히 회사와의 관계를 끝내는 문제, 즉 "그만하겠습니다." 하며 네트워크 마케팅 판매자를 그만두는 문제가 아니기 때문입니다. 여기서 중요한 것은 사업의 포기가 아니라 '자기 자신을 포기하는 것'입니다.

존의 말은 내 생각과 정확히 일치한다. 내가 앞에서 했던 말을 떠올려 보라. 단순히 당신이 몸담은 사업이나 직장을 바꾸는 것이 아니라 '당신 자신'을 변화시키는 것이 중요하다. 나는 당신에게 이상적인 사업을 알려 줄 수 있지만, 사업이 성장하기 위해서는 당신 역시 성장해야만 한다.

내 안의 승자와 패자

앞에서 존이 언급한 유형의 사람을 표현하는 말로는 두 가지가 있다. 하나는 '포기하는 자', 다른 하나는 '패자'이다.

우리는 누구나 내면에 승자와 패자의 모습을 품고 있다. 나 역시 예외는 아니다. 내 안에는 승자와 패자가 있으며 이 둘은 서로 우위를 차지하려고 경쟁하곤 한다. 대부분의 사람들이 인생의 진정한 성공을 맛보지 못하고 '그럭저럭 살아가는' 데 그치는 이유는 내면의 패자가 주도권을 쥐도록 내버려 두기 때문이다. 나는 그러지 않는다. 나는 승자가 이기게 만들려고 애쓴다.

패자의 목소리가 커지는 순간은 어떤 때일까? 바로 이런 말을 할 때다. "아, 그건 내가 감당할 수 있는 게 아니야.""이건 리스크가 너무 큰데.""실패하면 어쩌지?" 승자는 기꺼이 리스크를 감수하지만, 패자는 오로지 안전함과 안정만 추구한다.

아이러니한 일이다. 패자는 안전과 안정만을 외치지만 결국엔 절대로 안전함과 안정을 가져다주지 않는 직업과 인생에 갇히고 마니까 말이다. 몇 년 지나면 당신을 해고할지도 모르는 회사를 위해 일주일에 40시간씩 근무하는 일이 어떻게 안전하단 말인가? 얼마 되지도 않는 소득을 악화일로의 뮤추얼 펀드가 소진하고 있는 401(k) 퇴직연금에 집어넣거나, 또 다른 버니 메이도프(Bernie Madoff: 역사상 최악의 금융사기를 저지른 인물 — 옮긴이)일지도 모르는 금융 전문가가 관리하는 펀드 상품에 쏟아붓는 일이 과연 안전한가?

우리 각자의 내면에는 승자와 패자, 부자와 빈자, 움직이며 실행하는 자와 소파에만 앉아 있는 자가 살고 있다. 이것은 곧 전쟁이다. 당신이 네트워크 마케팅 회사에 합류해야 하는 이유는 그들이 당신 내면의 부자를 일으켜 세워 승리하게 만드는 데 지원을 아끼지 않기 때문이다. 주변의 패자들은 당신이 계속 소파에 앉아 있기를 바랄 것이다. 안전하게 주 40시간 근무나 하기를 바랄 것이다. 그래야 당신이 그들에게 행동 변화를 요구하며 성가시게 굴지 않을 것이기 때문이다. 하지만 네트워크 마케팅 회사는 그렇지 않다. 네트워크 마케팅 팀은 당신이 탁월한 능력을 발휘하고 익숙해진 것을 넘어 발전하며 과거를 극복하는 모습을 보고 싶어 한다. 평범한 모습에 머무르지 않고 더 뛰어나고 특별한 당신이 되기를 바라는 것이다.

"그건 내가 감당할 수 없습니다." "치러야 할 비용이 너무 커요." "나는 그저 혜택만 챙기고 싶습니다. 그렇게까지 열심히 노력하거나 그런 리스크를 감수하고 싶지는 않아요." 이렇게 말하기는 퍽 쉽다. 이것은 바로 패자의 언어다.

당신이 종종 이렇게 말한다고 해서 너무 상심할 필요는 없다. 우리는 누구나 내면에 패자를 품고 있다. 내 안에도 패자가 있으며, 그가 이기는 순간도 많다. 물론 잠깐에 불과하지만 말이다. 매일 아침 나는 눈을 뜨면서 선택한다. 지금 일어난 사람은 부자인가, 빈자인가? 승자인가, 패자인가? 이것은 우리 모두가 치러야 하는 전쟁이다.

사실 우리에게는 모든 종류의 자질, 무엇으로든 변화할 수 있는 잠재성이 내재해 있다. 내 경우에는 행복한 결혼 생활을 하고 이 세상에 기여하며 자유를 향한 정신력을 갖춘 사람이 되고 싶었다.

우리 내면의 두려움, 의심, 낮은 자존감이 이기도록 내버려 둘 때마다 패자가 고개를 들고 세력을 키워 간다. 비전을 표현하고 강력하며 설득력 있는 화법을 배우면 내면의 패자를 잠재우고 승자를 불러낼 수 있다. 강력한 화법을 배우는 것은 곧 승자로서 자신의 모습을 드러내는 법을 배우는 것이다.

대부분의 사람들은 자신이 가는 길에 대한 비전을 절대로 잃지 않으면서 좌절에 현명하게 대처하고 실천을 지속하는 능력이 부족하다. 그런 기술을 배워 본 적이 없다. 하지만 이것은 매우 중요한 능력이다. B 사분면을 정복한 사람은 어김없이 그 능력을 갖고 있다. 그것은 곧 사업가들의 태도이자 사고방식이며, 네트워크 마케팅 사업을 시작하여 습득할 수 있는 가장 중요한 자질이다.

내가 제록스에 입사하여 내 안의 힘을 발휘하여 승자를 이끌어 내기까지 꼬박 2년이라는 시간이 걸렸다. 입사 후 2년이 되었을 때 나는 해고되기 일보 직전이었으나, 다행히도 그 무렵부터 내면의 자신감이 쑥쑥 자라나기 시작했다. 내 판매 실적은 상승했고, 그로부터 2년도 지나지 않아 나는 실적 1위나 2위를 계속 유지하는 사람이 되었다.

> **네트워크 마케팅은 내면의 두려움을 마주하고 극복하여 마침내 당신 안의 승자를 이끌어 내는 기회를 제공한다.**

내게 자존감을 높이는 일은 급여보다 더 중요했다. 자신감과 자존감을 다시 단단히 구축하는 것은 아주 중요한 일이었다. 그 덕분에 수백만 달러를 벌 수 있었다. 이에 대해 나는 제록스와 그곳 사람들에게 항상 고맙게 생각한다. 그들 덕분에 내 안의 부정적인 괴물과 의심, 두려움을 극복하는 법을 배웠기 때문이다. 오늘날 내가 네트워크 마케팅을 강력하게 추천하는 이유는 제록스가 그랬던 것처럼 이 사업이 자신감을 강화하고 재건하는 기회를 제공하기 때문이다.

네트워크 마케팅은 내면의 두려움을 마주하고 극복하여 마침내 당신 안의 승자를 이끌어 내는 기회를 제공한다.

하지만 오해하지는 마라. 네트워크 마케팅 회사에 참여해 당신만의 사업을 시작했다고 해서 패자를 완전히 정복했다는 의미는 아니다. 진정한 자유를 구축하는 데에는 몇 년의 시간이 필요하다. 이 나라에서는 늘 자유에 대해 말한다. 그러나 '재정적' 자유를 얻기 전까지는 사실상 진정한 자유를 얻었다고 말할 수 없다. 그리고 이를 위해서는 시간이 필요하다.

나는 가진 것 없이 태어났고 지금까지 여러 번 큰돈을 벌었다가 잃은 경험이 있다. 따라서 모든 것을 잃는 게 어떤 기분인지 누구보다 잘 안다. 그런 역경의 시기에는 패자가 마음속을 점령하기 쉽다. 앞으로 언젠가 당신은 시험에 놓이게 될 것이다. 친구들은 이렇게 말할 것이다. "거봐, 내가 뭐랬어." 또 가족들은 이렇게 말할 것이다. "네트워크 마케팅이니 어쩌니 하는 것은 집어치우고 원래 직장에 더 집중하는 편이 낫지 않겠어?"

장담하건대 패자에게 삶을 맡기고 싶은 유혹이 느껴지는 순간이 올 것이다. 부디 그 유혹에 굴복하지 말기를 바란다.

당신은 승리해야 한다!

비행 학교

애벌레는 나비가 되기 전에 누에고치 안에서 시간을 보낸다. 나의 누에고치는 비행 학교였다. 그곳에 들어갈 때 나는 그저 평범한 대학 졸업자였지만 나올 무렵엔 베트남 전쟁에 참여할 준비를 갖춘 조종사로 변모해 있었다.

만일 내가 민간 비행 학교에 입학했다면 조종사는 되었겠지만 전쟁에 참여할 만큼 준비된 남자로 성장할 수 있었을지는 의문이다. 군 조종사가 배우는 것은 민간 조종사가 배우는 것과 아주 다르다. 필요한 기술이 다르고, 훈련 강도도 다르며, 무엇보다도 군 조종사는 훈련 종료 후 전쟁에 투입된다는 점이 다르다.

나는 플로리다에 있는 기초 비행 학교를 이수하는 데 거의 2년이 걸렸다. 조종사 기장(記章)을 제복에 붙인 후에는 상급 비행 훈련을 받기 위해 캘리포니아의 캠프 펜들턴으로 옮겨 갔다. 그곳의 훈련은 강도가 훨씬 높았다. 캠프 펜들턴에서 우리는 그저 비행하는 법을 넘어 전투하는 법을 배웠다.

비행 학교를 마치고 정식 조종사가 된 후 1년 동안 우리는 베트남에 가기 위한 준비 기간을 거쳤다. 꾸준히 비행 훈련을 받았으며 정신적, 감정적, 육체적, 영적으로 우리를 시험하는 힘든 조건을 견뎌 내야 할 때가 많았다.

캠프 펜들턴의 훈련 프로그램에 합류한 지 8개월 정도 지났을 때 내 안에서 어떤 변화가 일어났다. 어느 날 비행 훈련 중, 나는 마침내 참전 준비가 된 조종사로 거듭났다. 그전까지는 정신적으로, 감정적으로, 육체적으로만 비행하고 있었다. 흔히 말하는 '기계적 비행'을 했던 것이다. 그런데 바로 그날 비행하는 동안 나는 영적인 변화를 겪었다. 그날의 임무는 유난히 강도가 높고 두려웠는데, 갑자기 마음속 모든 의심과 두려움이 사라지면서 내 영혼이 나를 이끌기 시작했다. 비행은 나의 일부가 되어 있었다. 나는 전투기 안에서 말할 수 없는 평온함을 느꼈다. 전투기 역시 내 몸의 일부로 느껴졌다. 드디어 베트남을 향해 떠날 준비가 된 것이었다.

두려움이 전혀 없었다는 얘기는 아니다. 전쟁에 대한 공포는 여전했다. 죽거나, 더 나쁜 경우 부상을 입어 불구자가 될지 모른다는 두려움 말이다. 달라진 게 있다면 이제 전쟁에 임할 충분한 준비가 되었다는 점이다. 나의 자신감은 두려움을 능가할 만큼 강력했다.

내가 사업가와 투자가가 된 과정은 전쟁터를 향할 준비를 갖춘 조종사가 되는 과정과 거의 같았다. 나는 두 번의 사업 실패를 경험한 후에야 '기업가 정신'이라는 자질을 발견할 수 있었다. 아무리 힘든 시련을 만나도 B와 I 사분면에 머물 수 있는 것은 바로 그 정신 때문이다. 나는 E와 S 사분면의 안전과 편안함 뒤에 숨기보다는 B와 I 사분면에 남는 편을 택한다.

나는 B 사분면에서 자신감을 획득하기까지 15년이 걸렸다. 당신은 나보다 운이 좋은 편이다. 그렇게 긴 시간을 허비하거나 내가 겪은 실패와 분투를 경험하지 않아도 되니까 말이다. 당신은 당신만의 비행 학교에서 삶을 변화시키는 교육을 받을 수 있다. 그 학교는 바로 네트워크 마케팅의 세계다.

내 인생을 바꾼 비즈니스 기술

베트남 정글의 전장에서 비행하는 법을 익힌 군사 훈련 이야기는 이쯤에서 그만하고 인성의 연마에 관한 또 다른 이야기를 들려주겠다. 이번엔 전쟁터가 아니라 로맨스 영역의 이야기다.

만약 내가 현실 세계의 비즈니스 기술을 습득하기 위해 나만의 강도 높은 학습에 매진하지 않았더라면, 아마도 꿈에 그리던 여인과 결혼할 수 없었을 것이다. 하지만 나는 그런 학습에 집중했고 꿈꾸던 여인도 얻었다.

킴을 처음 만났을 때, 내 눈에 그녀는 세상에서 가장 아름다운 여인이었다. 킴은 숨이 멎을 만큼 아름다웠다. 그녀와 이야기를 나눈다는 생각만 해도 나는 완전히 얼어붙었다. 하지만 비즈니스 훈련을 거치며 나는 실패와 거절에 대한 두려움을 극복하는 법을 배운 상태였다. 이제 그 훈련이 최고의 보상을 가져다줄 순간을 눈앞에 두고 있었다. 나는 멀리서 그녀를 바라보고만 있는 미련한 짓은 하지 않았다. 옛날 같았으면 그랬겠지만 말이다. 대신 용감하게 다가가 인사를 건넸다.

킴은 나를 돌아보며 눈부시게 아름다운 미소를 지었다. 내 가슴에서는 사랑이 불타올랐다. 그녀는 내가 꿈에 그리던 여인이었다. 하지만 내가 데이트를 신청하자 돌아온 대답은 "싫어요."였다.

과거의 로버트 기요사키라면 아마 슬그머니 꽁무니를 빼고 패배를 받아들였을 것이다. 그러나 나는 비즈니스 훈련으로 강인해진 상태였다. 있는 대로 용기를 끌어 모아 다시 데이트를 신청했다. 이번에도 그녀는 딱 잘라 거절했다. 내 자신감은 상처를 입었고 남자로서의 자존심도 조금 상했다. 하지만 나는 또 한 번 데이트 신청을 했다. 이번에도 대답은 "싫어요."였다.

이런 상황이 6개월 동안 계속됐다. 그녀가 거절할 때마다 나는 남몰래 상처받은 가슴을 달래야 했다. 마음속이 쓰라렸다. 만약 내면의 회의감을 극복하는 법을 배우지 않았더라면 6개월 동안 끈질기게 도전하지 못했을 것이다. 하지만 나는 인내심을 갖고 시도했다. 마침내 어느 날 그녀의 입에서 나오는 "좋아요."라는 말을 들을 수 있었다. 우리는 그 후 지금까지 함께하고 있다.

이 얘기를 하는 것은 킴과의 말랑말랑한 연애사를 들려주기 위해서가 아니다. 여기에 중요한 포인트가 담겨 있기 때문이다. 결국 내가 당신에게 강조하고 싶은 것은 비즈니스나 돈이 아니다. 중요한 건 '당신의 인생'이다. 돈을 벌고 경력을 쌓는 방식은 곧 운명을 개척하고 당신만의 유산을 쌓는 방식을 결정한다.

chapter 11

^{자산 3} 꿈과 가치관을 공유하는 친구들

듣기 조금 불편한 말일지도 모르지만, 지금까지와는 다른 재정적 삶을 살고 싶다면 새로운 직업보다는 새로운 친구를 만들어야 한다. 왜일까? 당신이 지금 어울리며 지내는 사람들은 당신을 사랑하겠지만 의도치 않게 당신의 성공을 방해하고 있는지도 모르기 때문이다.

누군가의 수입은 그 사람과 가장 가까운 친구들 다섯 명의 평균 수입과 거의 비슷하다는 얘기를 들어 본 적이 있을 것이다. 또 '유유상종'이란 말도 들어 봤을 것이다. 이 말은 부자나 가난한 자, 중산층 사람에게도 적용된다. 다시 말해 부자는 부자들과, 가난한 사람은 가난한 사람들과, 중산층은 중산층과 어울려 지낸다는 뜻이다.

나의 부자 아버지는 말하곤 했다. "부자가 되고 싶다면, 부자인 사람이나 네가 부자가 되는 데 도움이 되는 사람들과 네트워크를 만들어야 한다."

많은 이들이 자신의 재정적 발전을 방해하는 사람들과 관계를 맺고 어울리며 살아간다. 네트워크 마케팅 세계에서는 당신이 더욱 부자가 되는 데 도움을 주는 사람들과 어울릴 수 있다. 스스로 이런 질문을 던져 보라. "내 주변 사람들은 내가 부자가 되는 데 기여하는가? 아니면 내가 계속해서 일개미로 살아가길 바라는가?"

일찍이 열다섯 살에 나는 재정적 자유를 원했고, 그러기 위해선 재정적 자유를 얻는 데 도움을 주는 사람들과 네트워크를 구축해야 한다는 사실을 깨달았다. 나는 내가 부자를 위해 성실히 일하는 피고용인이 아니라 부자가 되는 데에 관심과 도움을 주는 친구들과 사귀기로 결심했다.

인생이 바뀌는 순간이었다. 그것은 쉬운 결정이 아니었다. 열다섯의 나이에 누구와 함께 시간을 보내고 어떤 스승의 말에 귀를 기울일지 고심해야 했다. 자신만의 사업 구축을 고려하는 사람이라면, 어떤 사람과 시간을 보내고 누구를 스승으로 삼을지 신중하게 고찰해야 한다. 이는 매우 중대한 사항이다.

제록스를 떠날 때 가장 힘들었던 일은 거기서 사귄 일부 동료들과의 관계를 포기해야 하는 점이었다. 내 친구와 가족 대부분은 E 사분면에 속했으며 나와 다른 가치관을 지녔다. 그들은 안정적인 삶과 규칙적인 봉급에 높은 가치를 두었지만, 나는 자유와 재정적 독립을 중요하게 여겼다. 이런 차이 때문에 나의 결정에는 고통이 수반되었다.

하지만 그것은 나의 성장과 발전에 반드시 필요한 선택이었다.

네트워크 마케팅과 관련하여 당신은 이와 비슷한 경험을 할지 모른다. 친구들과 가족들은 네트워크 마케팅 세계를 살펴보려는 당신의 결정을 이해하거나 공감하지 못하고, 심지어 적극적으로 말리기도 할 것이다. 당신에게 정신이 나갔거나, 귀가 얇아 속았거나, 엄청난 실수를 하고 있다고 말하는 친구들도 있을지 모른다. 심지어 당신은 친구를 잃을 수도 있다. 너무 가혹하게 들릴까 봐 이런 말은 하지 않으려 했다. 그러나 현실은 본래 가혹한 것이다.

하지만 명심하라. 그런 말들은 네트워크 마케팅 자체와 아무 상관이 없다. 실제로 당신은 E나 S 사분면에서 B 사분면으로 옮겨 가는 인생의 격변을 경험할 것이다. 이것은 그저 직업을 바꾸는 문제가 아니다. 다른 나라로 이민을 가거나 개종을 하거나 지지 정당을 바꾸는 것만큼이나 크나큰 변화다.

영국의 시인 존 던은 이렇게 썼다. "인간은 어느 누구도 그 자체로 온전한 섬이 아니다. 모든 인간은 대륙의 한 조각이며 전체의 일부다."

네트워크 마케팅은 훌륭한 비즈니스 교육을 제공할 뿐만 아니라 당신에게 없던 완전히 새로운 인맥을 가져다준다. 당신과 같은 곳을 향해 전진하며 당신과 핵심 가치관을 공유하는 사람들 말이다.

그가 이런 말을 한 것은 까마득히 오래전인 1623년이지만, 요즘처럼 긴밀하게 상호 연결된 세상에서는 더더욱 옳은 말이다. 고립된 사람은 부자가 될 수 없다. 당신은 함께 어울리고 이야기하고

부자 아빠의 21세기형 비즈니스

일하고 즐기는 사람들의 커뮤니티 안에서만 번성할 수 있다.

> 존 이것은 삶의 모든 측면에서 통하는 진리입니다만 네트워크 마케팅 세계에
> 서는 특히 더 그렇습니다. 네트워크 마케팅 사업을 시작하면 당신은 당신과
> 같은 가치관과 현실 세계 비즈니스 기술을 배우는 동료들을 만나 강력하고 새
> 로운 공동체의 일원이 되기 때문이지요.
> 이것은 또한 네트워크 마케팅의 커다란 장점입니다. 이 세계에서 당신 주변
> 사람들은 다음번 승진을 놓고 다투는 경쟁자가 아니라, 당신 못지않게 당신의
> 성공을 바라고 도와주는 이들입니다. 당신이 성공해야 그들도 성공할 수 있기
> 때문입니다. 그들 가운데 일부는 필경 당신의 가장 가까운 친구가 될 겁니다.
> 직접판매협회의 조사에 따르면, 실제로 네트워크 마케팅 회사에 합류하여 충
> 실하게 활동하는 사람들 가운데 상당수가 금전적인 수입보다 '자신이 속한 사
> 회적 네트워크'를 훨씬 더 중요하게 생각하고 있습니다.

정리하자면 이렇다. 네트워크 마케팅은 훌륭한 비즈니스 교육을
제공할 뿐만 아니라 당신에게 없던 완전히 새로운 인맥을 가져다준
다. 당신과 같은 곳을 향해 전진하며 당신과 핵심 가치관을 공유하는
사람들 말이다.

나의 경우, 존이 설명한 종류의 인간관계와 우정은 최고의 비즈니
스 교육과 견주어도 모자람이 없을 만큼 소중한 가치를 지닌다.

오늘날 내 친구들은 모든 사분면에 고루 분포하지만, 진정한 교류

를 지속하는 지인, 함께 보내는 시간이 가장 소중하게 여겨지는 친구와 같은 핵심 동료들은 B와 I 사분면에 존재한다.

한편 제록스에 두고 온 친구들은 어떨까? 나는 지금도 그들과 훌륭한 관계를 유지하고 있다. 그리고 앞으로도 '영원히' 그러할 것이다. 내 인생의 과도기를 함께 보낸 사람들이기 때문이다. 하지만 나에게는 삶의 터전을 이동해야 할 순간이 다가왔더랬다. 당신에게도 그런 변화가 필요해지고 B 사분면이 당신에게 손짓하는 순간이 온다면, 네트워크 마케팅 사업에 뛰어들어 새로운 친구들과 교류하는 것을 고려하기 바란다.

chapter 12

자산4 네트워크의
힘

1990년대에 내가 이 사업 모델을 진지하게 살펴보기 시작했을 때 강한 호기심을 느낀 이유는 '네트워크'라는 단어 때문이었다. 나의 부자 아버지는 이 단어를 매우 중요하게 여겼다.

토머스 에디슨은 부자 아버지가 영웅으로 여기는 인물 가운데 한 명이었다. 오늘날 사람들은 대개 에디슨이 전구를 발명했다고 생각하지만 사실은 그렇지 않다. 에디슨은 전구를 발명하지 않았다. 그의 업적은 전구의 질을 한층 높여 개선한 것이다. 그보다 더욱 중요한 것은 전구를 활용할 사업 모델을 생각해 냈다는 사실이다.

학교를 중퇴한 뒤(선생님은 에디슨이 학교 공부를 따라가기엔 지능이 떨어진다고 생각했다.), 에디슨은 기차에서 사탕과 잡지를 팔았다. 얼마 후 그는 직접 신문을 제작해 판매하기 시작했고, 1년 내에 자신이 만드는 신문과 사탕을 판매할 소년들을 고용할 정도가 되었다. 피고용인이었던 그가 사업 소유주로 변신한 것이다.

> 힘을 가진 것은 제품이 아니다. 진짜 힘은 네트워크에 있다. 부자가 되기 위한 최고의 전략은 강력하고 발전 가능성이 있으며 계속 성장하는 네트워크를 구축하는 법을 배우는 것이다.

젊은 에디슨은 신문을 판매하며 쉼 없이 성장했다. 그리고 모스 부호를 송수신하는 법을 배워 전신 기사로 일하기 시작했다. 곧 그는 뛰어난 전신 기사가 되었을 뿐만 아니라, 장차 그를 백만장자로 만들어 줄 비밀을 깨우쳤다. 전신 기술이라는 발명품이 커다란 성공을 거두게 된 요인들을 직접 눈으로 확인한 것이다. 그것은 바로 전선, 전신주, 기술을 가진 근로자들, 중계국으로 이루어진 시스템이었다. 즉 거기에는 네트워크의 힘이 있었다.

에디슨은 전구를 연구하고 전구의 실용성을 높인 필라멘트를 완성한 것으로 유명하지만, 그의 진정한 천재성은 전선을 연결하여 세상에 전구가 퍼지게 만드는 회사를 설립한 일에서 엿볼 수 있다. 에디슨이 설립한 회사는 그에게 엄청난 부를 가져다주었다. 그 회사가 바로 지금의 제너럴일렉트릭이다.

에디슨의 사업이 혁신적이었던 이유는 전구 자체 때문이 아니라, 전구에 전기를 공급하는 전선과 중계국으로 이루어진 시스템 때문이었다. 바로 '네트워크'였던 것이다.

나의 부자 아버지는 말했다. "최고의 부자들은 네트워크를 구축하지. 다른 사람들이 일자리를 찾는 동안에 말이야."

선박 재벌과 철도왕에서부터 샘 월튼, 빌 게이츠, 제프 베조스에 이르기까지 세계의 부자들은 모두 네트워크를 구축하는 법을 알았다. 월마트의 창업자인 샘 월튼은 사람들에게 판매할 상품을 만든 것이 아니다. 그는 상품을 제공할 유통 네트워크를 창조했다. 빌 게이츠는 컴퓨터가 아니라 컴퓨터를 가동시키는 운영체제를 만들었다. 제프 베조스는 출판업에 종사한 것이 아니다. 그는 책을 유통시키는 온라인 네트워크인 아마존을 창립했다.

힘을 가진 것은 제품이 아니다. 진짜 힘은 네트워크에 있다. 부자가 되기 위한 최고의 전략은 강력하고 발전 가능성이 있으며 계속 성장하는 네트워크를 구축하는 법을 배우는 것이다.

물론 우리 대부분은 토머스 에디슨이나 샘 월튼, 빌 게이츠가 아니며 그들처럼 될 수도 없을 것이다. 어느 세대에나 이들처럼 맨손으로 시작해 수십억 달러 가치의 네트워크를 만들어 내는 놀랍도록 창의적인 선구자들이 있기 마련이다. 하지만 이것은 수없이 많은 평범한 사람들에겐 생각조차 하기 힘든 원대한 야망이다.

바로 그렇기 때문에 네트워크 마케팅이 멋진 것이다. 지금 네트워크 마케팅 회사들은 당신처럼 평범한 수많은 이들에게 다른 누군가의 네트워크를 위해 일하며 인생을 보내는 대신 자신만의 네트워크를 구축할 기회를 제공하고 있다.

멧칼프의 법칙

쓰리콤(3Com)의 설립자이자 이더넷(Ethernet)의 창시자 가운데 한 명인 로버트 멧칼프는 네트워크의 가치를 정의하는 방정식을 다음과 같이 설명했다.

$$V = N^2$$

이것은 네트워크의 경제적 가치(V)가 네트워크 이용자 수(N)의 제곱에 비례한다는 의미다. 좀 더 쉽게 말해 네트워크 사용자가 늘어나면 그 가치가 기하급수적으로 증가한다는 뜻이다.

전화망을 생각해 보자. 한 사람이 전화기를 가지고 있다면 그 한 대의 전화기는 사실상 경제적 가치가 없다. (전화기를 가진 사람이 당신 혼자뿐이라면, 대체 누구한테 전화를 건단 말인가?) 그러나 멧칼프의 법칙에 따르면 전화기가 두 대가 될 때는 전화 네트워크의 경제적 가치는 제곱이 된다. 즉 네트워크의 경제적 가치가 0에서 2의 제곱인 4가 된다. 전화가 세 대가 되면 이제 네트워크의 경제적 가치는 9가 된다. 다시 말해 네트워크의 경제적 가치는 산술적이 아니라 기하급수적으로 상승한다.

비즈니스 세계로 들어온 네트워크

전통적인 산업화 시대의 비즈니스 모델은 제국과 비슷한 방식으로 운영되었다. 아무리 크게 성장해도 중앙집권적 특성을 유지하는 막강한 중앙의 '통치 권력'이 기업을 통제했다.

그러다 1950년대에 새로운 유형의 비즈니스가 출현했다. 이것은 하나의 중앙 본부가 나머지 모든 부분을 통제하는 것이 아니라 네트워크 모델을 이용해 비즈니스의 일관성을 유지하는 방식이었다. 이 모델은 너무나 혁신적인 나머지 많은 사람의 비판을 받았고, 미 의회에서는 11명의 표만 더 있었다면 이 사업 시스템이 불법으로 규정될 뻔했다. 그러나 이 새로운 비즈니스 방식은 초기의 어려움을 딛고 살아남아, 오늘날 미국 소매 판매의 3퍼센트 이상을 차지하며 전 세계에서 번영하고 있다. 이 모델을 채택한 기업들 가운데 이름이 알려진 것으로는 에이스 하드웨어, 서브웨이, 그리고 무엇보다 유명한 맥도날드가 있다.

이 혁신적인 사업 모델을 우리는 '프랜차이즈'라고 부른다.

프랜차이즈는 비즈니스 네트워크의 일종으로서, 다수의 사업 소유주들이 동일한 청사진을 토대로 사업을 운영한다. 실용적인 관점에서 볼 때 모든 소유주가 동일한 가치관을 공유한다고 말할 수 있다.

그러나 프랜차이즈는 비즈니스 세계에서 네트워크가 성장하는 과정의 한 단계에 불과했다. 그 다음에 이어진 단계에 대해 존의 설명을 들어 보자.

| 존 이것은 그저 수수료 지불 방식이 달라지거나 마케팅 책임을 본사에서 맡

아 주는 문제가 아닙니다. 이것은 사실상 사업을 바라보는 완전히 다른 방식입니다. 중앙집권적 대량 광고를 이용하는 산업화 시대의 경제가 아닌, 네트워크를 이용하는 정보화 시대의 경제를 반영하는 비즈니스입니다.

네트워크 비즈니스의 발전 과정에서 프랜차이즈 다음 단계는 1960년대에 시작되어 1970년대와 1980년대에 큰 진척을 보였습니다. 이 모델은 프랜차이즈 사업체들의 네트워크가 아니라 프랜차이즈화한 '개인들'의 네트워크를 토대로 성장했습니다. 어떤 의미에선 '개인 프랜차이즈(personal franchise)'라고 할 수도 있겠네요.

과거의 프랜차이즈 모델과 마찬가지로 이 새로운 유형의 비즈니스 역시 많은 비판에 시달려야 했습니다. 하지만 비판의 목소리에도 불구하고 이 모델 역시 살아남아 번성하고 있습니다.

이 모델의 이름은 네트워크 마케팅입니다.

로버트 그런데 프랜차이즈 방식에서 사업 소유주는 네트워크의 일부가 되긴 하지만 네트워크를 소유하지는 않습니다. 자신이 운영하는 특정 비즈니스만 소유하지요. 반면 네트워크 마케팅 참여자는…….

존 네트워크 마케팅 참여자는 네트워크를 구축할 뿐만 아니라 실제로 자신만의 네트워크를 소유합니다. 그리고 로버트 당신이 표현한 대로 그런 방식을 통해 엄청난 재정적 레버리지를 얻습니다.

다시 말해 네트워크 마케터가 되면 멧칼프의 법칙이 가진 힘을 직접 이용할 수 있다는 얘기다.

이것이 어떻게 가능할까? 이는 단순히 네트워크 마케팅 회사에 가입한다고 해서 저절로 일어나는 일이 아니다. 네트워크 마케팅 회사에 가입만 하는 것은 당신 혼자만 전화를 보유하는 상황과 같다. 멧칼프의 법칙의 힘을 이용하려면 자기 복제의 결과물, 즉 파트너를 만들어서 네트워크의 규모를 키워야 한다. 당신이 두 명으로 늘어나는 순간, 당신의 네트워크가 가진 경제적 가치는 '제곱'이 된다. 세 명으로 늘어나면 네트워크의 경제적 가치는 4에서 9로 증가한다. 당신이 데려온 두 사람 역시 각각 두 사람을 데려온다면, 당신의 네트워크가 가진 경제적 가치는 달을 향해 발사된 로켓처럼 급속도로 불어날 것이다. 당신은 산술적으로 일하겠지만, 당신이 얻을 수 있는 경제적 가치는 기하급수적으로 증가한다.

쉽게 말해 멧칼프의 법칙은 네트워크가 지렛대 역할을 한다는 의미다. 그것을 이용해 당신은 시간과 노력 대비 이익률을 더 쉽게, 더 높이 '들어 올릴 수' 있다.

고대 그리스의 공학자 아르키메데스는 지렛대의 원리를 발견한 것으로 알려져 있다. 그는 이렇게 말했다. "나에게 서 있을 자리만 알려 준다면 지구도 들어 올릴 수 있다." 사실상 무한한 지렛대의 힘을 보여 주기 위해 아르키메데스는 밧줄과 도르래로 이루어진 복잡한 시스템을 만들었고, 이 거대한 기계를 그리스 군함에 설치했다. 모든 준비를 마친 뒤 그는 군중이 숨죽이고 지켜보는 가운데 기계의 나무 손잡이를 있는 힘껏 당겼다. 그러자 함대가 움직여 물 위에 뜨기 시작했다!

이것이 바로 네트워크의 힘이다.

아르키메데스는 그 밧줄 기계를 이용해, 통상 수천 명의 노 젓는 사람을 동원해야 하는 엄청난 일을 혼자 달성해 냈다. 그 밧줄 기계의 원리는 무엇이었던가? '네트워크'였다.

이는 소문이 퍼져 나가는 놀라운 힘에서도 볼 수 있다. 한 사람이 세 명에게 이야기를 전하면, 그 세 명이 각각 세 명에게 다시 전하고, 그들 각자도 다시 셋에게 전하면, 금세 온 마을에 소문이 퍼진다. 패션 트렌드도 이렇게 전파된다. 이것은 네트워크 마케팅 비즈니스의 핵심 전략이기도 하다. 멧칼프의 법칙이 지닌 파워를 이용해 네트워크 안의 사람들도 당신과 똑같은 노력을 기울이게 만드는 것이다.

네트워크 마케팅은 오늘날 세계에서 가장 빠르게 성장하는 사업 모델 중 하나지만, 여전히 그 진가를 알아보는 사람이 많지 않다. 왜일까? 사람들은 제품은 눈으로 본다. 가정용 의료 제품, 웰빙 제품, 통신 서비스, 금융 서비스, 법률 서비스 등등. 하지만 그것들이 비즈니스의 진짜 핵심이 아니라는 사실은 깨닫지 못한다. 정말 중요한 것은 제품이 아니라, 그 제품이 이동하는 네트워크다. 에디슨의 전구 자체가 아니라 전력망이 중요했던 것처럼 말이다.

사람들은 눈에 보이지 않기 때문에, 즉 물리적인 것이 아니라 가

상의 것이기 때문에 네트워크 마케팅의 가치를 제대로 인식하지 못
한다. 네트워크 마케팅의 가치는 눈에 직접 보이지 않는다. 네트워크
마케팅은 진정한 정보화 시대형 사업 모델이다. 그 가치를 깨닫기 위
해서는 그저 눈을 크게 뜨는 것으로는 부족하다. 눈이 아니라 마음을
열어야 한다. 이 세계의 입구에는 황금의 문도 없고, 어서 오라고 손
짓하는 초록빛 인어 따위도 없다. 네트워크 마케팅 사업은 전 세계에
걸쳐 폭발적으로 성장했지만 대중은 아직도 그 사실을 감지하지 못
하고 있다.

제너럴 모터스나 제너럴 일렉트릭 같은 기업들은 산업화 시대의
비즈니스다. 맥도날드, 서브웨이, UPS 스토어, 에이스 하드웨어 등의
프랜차이즈는 산업화 시대에서 정보화 시대로 이행하는 과정에 등장
한 과도기적 비즈니스다. 그리고 네트워크 마케팅은 정보화 시대를
위한 진정한 비즈니스다. 네트워크 마케팅은 토지와 원재료, 공장, 노
동자가 아니라 순수한 정보를 기반으로 사업을 전개하기 때문이다.

당신은 네트워크 마케터라는 직업이 제품을 홍보하고 판매하는 일
이라고 생각할지 모른다. 하지만 아니다. 그것은 정보를 전달하고, 훌
륭한 이야기를 들려주며, 네트워크를 구축하는 일이다.

chapter 13

자산 5 **복제와 확장이 가능한 비즈니스**

네트워크 마케팅과 관련하여 놀랄 만한 중요한 사실이 하나 있다. 이것이 탁월한 판매 능력을 지닌 사람을 위한 사업이 아니라는 것이다. 앞에서 나는 이 점에 대한 존의 자세한 설명을 잠시 미뤄 두었다. 이제 그 이야기를 들어 보자.

로버트 존, 네트워크 마케팅에서 크게 성공한 사람들이 반드시 타고난 최고의 판매원은 아니라는 사실에 동의하십니까?

존 전적으로 동의할 뿐만 아니라, 어떤 면에서는 그 '반대'가 옳은 말이라고 할 수 있습니다. '타고난 세일즈맨'이 네트워크 마케팅에서 성공하려면, 대개는 제일 먼저 '판매에 대해 자신이 아는 기존 지식을 모두 잊어버려야' 합니다.

크게 성공을 거둔 네트워크 마케터들 중에 제가 만나 본 다수는 코치, 주부, 목사, 교사였습니다. 사람들에게 이야기를 들려주고 남을 돕는 일을 매우 즐거워하는 이들이었지요. 네트워크 마케팅에서는 정보와 개인적인 경험담을 공유하는 것이 중요하지, 끈질긴 판매가 중요한 게 아닙니다. 또 당신이 이 사업 세계로 데려온 사람들의 성공을 돕는 것도 중요합니다.

네트워크 마케팅이 그런 사업이란 건 다행이 아닐 수 없습니다. 어쨌든 세일즈맨 소질을 타고나는 사람은 스무 명 중 한 명밖에 되지 않으니까요.

세일즈에서 성공의 열쇠는 판매 능력입니다.

반면 네트워크 마케팅에서 성공의 열쇠는 '복제'할 수 있는 능력입니다.

로버트 제가 네트워크 마케팅의 핵심이 판매가 아니라고 설명하면 회의적인 반응이 돌아올 때가 있습니다. "하지만 그 말이 그 말 아닌가요? 그러니까, '판매'라고 하든 '정보 공유'라고 하든 결국 같은 얘기 아닙니까?"

존 그렇지 않습니다. 그 말이 그 말이라고 하는 사람은 잘못 알고 있는 겁니다. 그리고 세일즈와 네트워크 마케팅의 커다란 차이를 보여 주는 것은 바로 복제 특성입니다.

위와 같이 반문하는 사람에게 저는 이렇게 말해 주고 싶습니다.

"만일 당신이 놀랄 만큼 뛰어난 세일즈 능력을 갖춘 사람이라면 세일즈에서는 성공할 수 있습니다. 하지만 십중팔구 네트워크 마케팅 사업에서는 실패할 겁니다."

어째서일까요? 제품을 많이 판매할 수 있을지는 몰라도, '당신의 네트워크에 포함된 대부분의 사람들이 당신의 능력을 복제할 수는 없기' 때문입니다. 결과적으로 당신의 네트워크는 커질 수가 없고 짧은 수명을 끝으로 사라져 버리게 됩니다.

로버트 한마디로 네트워크가 요람 단계를 벗어나지 못하고 명을 다하는 것이군요.

존 맞아요. 나는 그런 것을 수차례 목격했습니다. 재능 있고 창의적인 사람들이 네트워크 마케팅을 시작한 후에 그처럼 벽을 향해 돌진하는 경우가 많습니다. 그들은 자신의 독창성과 재능, 뛰어난 판매 기술을 놀라운 수준으로 발휘하면 성공할 수 있다고 믿습니다. 하지만 이 사업에서 중요한 건 당신 자신의 능력이 아니라, 당신이 하는 일을 '다른 사람들'도 똑같이 해낼 수 있느냐 하는 점입니다.

또한 나는 자신의 방식과 성과를 다른 사람들이 복제하게 만드는 방법을 알려 주는 것에 집중하지 않고, 개인의 높은 판매 실적만 지나치게 강조하는 실수를 범하는 회사들도 목격했습니다. 복제 능력은 이 사업에서 마법의 열쇠와 같습니다. 최고의 세일즈맨 능력이 중요한 게 아니란 얘깁니다. 네트워크 마케팅 회사가 이 점을 사람들에게 분명히 인식시키지 않으면 자신의 성장 엔진을 지속적으로 강화할 수가 없습니다. 그 성장 엔진이란 자기 자신의 방식을 복제하는 사람들입니다.

로버트 흥미로운 얘기네요. 당신이 말씀하신, 이 분야에서 독창성과 재능을 발휘하려는 사람들이란 곧 B 사분면이 아니라 S 사분면의 사고방식을 가진 사람들이죠. S 사분면에서는 어떻게 해서든 뛰어난 창의력과 독창성을 발휘해야 합니다! 하지만 B 사분면이라면? 그건 실패로 가는 길일 뿐입니다.

헨리 포드는 일꾼들의 독창적인 기술과 재능을 바탕으로 사업 모델을 구축하여 자동차 제국을 이루고 세상을 변화시킨 게 아닙니다.

포드는 장인들을 고용해 손으로 자동차를 만들게 할 수도 있었을 겁니다. 그랬다면 놀랍고 아름다운 자동차를 만들었겠지요. 그리고 몇백 대 정도는 팔았을 겁니다. 하지만 그는 평범한 사람들이 시간과 노력을 들여 자동차 수백만 대를 대량 생산하는 사업 모델을 고안했습니다.

포드는 B 사분면 사업가다운 사고방식을 가졌던 겁니다.

존 제가 미처 생각하지 못한 표현으로 정확히 설명해 주셨군요. 그리고 네트워크 마케팅에서 성공하고 싶은 사람이라면 반드시 그런 사고방식을 지녀야 합니다.

거듭 강조하건대, 네트워크 마케팅 사업에 진정한 힘을 제공하는 것은 '당신'이 어떤 능력을 가졌느냐가 아닙니다. 무엇을 '복제'할 수 있느냐가 중요합니다. 다시 말해 누구라도 쉽게 따라할 수 있는 방식으로 사업을 구축해야 합니다. 왜 그럴까요? 다른 사람들이 당신의 시스템을 복제할 수 있는 것이 당신에게 중요하기 때문입니다. 그것이 바로 당신에게 성공을 가져다주니까요.

복제에 대한 얘기는 잠시 후에 다시 나누겠다. 그전에 먼저 '확장 가능성'에 대해 잠시 설명하겠다.

무한한 확장 가능성을 위한 정보 도구

핵심은 복제에 있다는 존의 설명을 다른 식으로 표현하면 이렇다. 당신의 사업이 발휘하는 힘은 '확장 가능성'에 달려 있다. 확장 가능한 사업이란 쉽게 말해 어떤 규모로든 운영할 수 있는 사업을 의미한다.

사업가에게 이는 종종 성패를 판가름하는 문제가 된다. 세상에는 훌륭한 사업체를 일구는 사업가들이 많다. 비즈니스를 소규모로 운영하면서 사업의 구석구석까지 자신이 직접 통제하는 사람들 말이다. 그러나 '사업가 자신이 직접 개입하지 않아도' 조그만 사업 모델이 곱절로 불어나고 복제를 거듭하게 만드는 방법을 터득한 사업가는 극소수에 불과하다.

이것이 바로 맥도날드를 창업한 레이 크록의 머릿속에 있던 탁월한 비밀이다. 그는 다수의 맥도날드 매장을 운영하기 위해 특별한 재능과 고도의 전문성을 보유한 식당 경영자들을 모집하지 않았다. 대신 그는 사업 운영 방식 자체가 전문성을 갖추도록 설계했다.

그것이 바로 영리한 네트워크 마케팅 회사들이 채택해 온 방법이다. 네트워크 마케팅 회사는 최고의 기량을 가진 강연자, 발표자, 세일즈맨을 고용하는 대신에, '정보 도구'라는 형태로 전체 시스템 자체에 (프레젠테이션 방식의) 사업 설명이라는 활동을 포함했다. 그리고 존의 설명대로 그것은 하루아침에 실현된 일이 아니었다.

존 네트워크 마케팅이 등장한 초기에 그 사업자들은 굉장히 힘든 난제에 부딪혔습니다. 누구든지 사업 설명 방법을 배울 수는 있지만, 누구나 '효과적인' 사업 설명을 할 수 있는 것은 아니니까요. 그래서 이론상으로는 '누구나' 이 사업에서 성공을 거둘 수 있지만 막상 현실적으로는 그렇지 않은 경우가 많았습니다.

초기에 이 사업은 사람들의 뛰어난 사업 설명 기술에 크게 의존했으며, 이 사업을 하려면 훌륭한 사업 설명 기술을 배우는 것이 대단히 중요했습니다. 그러나 세일즈의 경우와 마찬가지로, 세련되고 전문적인 사업 설명에 능숙해지는 사람은 극히 적습니다. 그렇기 때문에 네트워크 마케팅 사업의 성장에 심각한 제약이 따르게 되었지요.

로버트 그래서 사업 설명 도구들이 등장하기 시작했군요.

존 그렇습니다. 오래전, 사람들은 브로슈어와 판매 관련 소책자를 활용하기 시작했고 어느 정도 성공을 거두었습니다. 평범한 사람이 탁월한 사업 설명자가 되지는 못하더라도 브로슈어나 카탈로그를 통해 네트워크 마케팅 입문자를 안내할 수는 있었지요. 하지만 브로슈어나 소책자는 에너지 넘치는 발표자의 생생하고 훌륭한 사업 설명처럼 사람들의 관심을 사로잡기에는 역부족이었습니다.

그런데 최근 수십 년간 사업 설명 기술에 엄청난 지각변동이 일어났습니다. 디지털 기술의 폭발적 발전 덕분이었지요. CD와 DVD, 온라인 미디어 같은 디지털 도구들 덕분에 실제 현장의 사업 설명 못지않게 매력적이고 역동적인 사업 설명을 재현하는 게 가능해졌습니다.

로버트, 당신이 이 책에 『부자 아빠의 21세기형 비즈니스*The Business of the 21st Century*』라는 제목을 붙인 점이 흥미롭습니다. 왜냐하면 네트워크 마케팅 사업은 수십 년 전부터 존재했지만 이제야 진정한 잠재력을 보여 주기 시작하고 있으니까요. 그리고 지금 우리가 이야기하는 내용이 그 잠재력 발현의 이유 가운데 하나이기도 하고요.

요즈음 네트워크 마케팅 사업을 시작하는 사람은 노련한 대중 강연가가 될 필요가 없습니다. 사실 그렇게 되고자 노력해도 별 소득이 없을 가능성이 높습니다. 다시 말하지만 그것은 고도의 전문 기술이므로 쉽게 모방하기 힘드니까요.

전문 강연가나 발표자가 되려고 애쓰지 말고, 당신 대신 사업 설명을 해 주기 위해 네트워크 마케팅 회사가 제공하는 비즈니스 도구들을 활용하면 됩니다. 게다가 그런 비즈니스 도구들을 얻는 데 드는 비용도 전혀 부담스럽지 않은 수준입니다. 그렇게 하는 것이 네트워크 마케팅 회사의 입장에서도 이익이기 때문이고, 현재의 기술이 그것을 가능하게 만들어 주기 때문입니다.

저비용, 고품질의 CD와 DVD, 온라인 프레젠테이션(대개 고품질의 스트리밍 오디오 및 비디오를 포함한다.)은 진정으로 민주적이며 '완전히 확장 가능한' 네트워크 마케팅 운영이라는 꿈을 현실로 만들었으며, 이는 수많은 사람이 참여해 성공을 맛볼 수 있는 사업 모델을 가능케 했다.

이것이 의미하는 바는 무엇일까? 당신이 구축하는 네트워크 비즈니스는 곧 완전히 확장 가능한 자산이라는 의미다. 쉽게 말해 당신은 원하는 만큼 얼마든지 크게 사업을 성장시킬 수 있다.

잠깐 여기서 비판자들이 제기하는 질문을 다시 한 번 짚고 넘어가자.

로버트 존, 회의론자들은 이 사업의 복제 특성에 대한 설명을 듣고 이런 질문을 던지곤 합니다.

"최고의 세일즈맨도 될 필요가 없다, 노련한 강연자나 발표자가 될 필요도 없다고 하는데, 그럼 이 사업에 들어온 사람은 도대체 무슨 일을 하는 겁니까? 네트워크 마케팅 회사가 우리 같은 사람을 필요로 하는 이유가 무엇입니까?"

존 네트워크 구축 때문입니다. 그래서 이 사업이 네트워크 마케팅이라는 이름을 가진 겁니다. 또 그 때문에 회사가 당신을 필요로 하고, 보상까지 제공하는 것입니다.

네트워크 마케터로서 당신이 하는 일은 사람들과 관계를 맺고, 당신이 좋아하는 제품을 경험하거나 당신이 가진 정보를 살펴보도록 그들을 초대하고, 이후에도 그들과 교류를 이어 가는 것입니다. 그리고 나서 그들이 당신의 비즈니스에 합류하기로 결정하면, 당신은 그들과 열정과 경험을 공유하고 당신이 배운 것을 그들 역시 배울 수 있게 도와야 합니다. 이때 디지털 도구들을 이용하면 전문적 교육에 대한 거대한 부담감을 덜 수 있습니다.

당신이 할 일은 사람들과 관계를 구축하고, 대화를 나누고, 가능성을 탐험하고, 그들을 알아가고, 그들이 이 사업을 제대로 이해하게 돕는 것입니다.

따라서 이 사업에는 당신보다 비즈니스 도구들이 더 나은 성과를 낼 수 있는 부분이 있습니다. 그것은 바로 사업 설명이며, 교육도 어느 정도는 해당할 수 있습니다. 그리고 오로지 당신에게 달린 부분도 있습니다. 그것은 바로 사람들과의 교류 부분이지요.

초대 ⟶ 사업 설명 ⟶ 후속 교류 ⟶ 교육

핵심 포인트는 이것이다. 네트워크 마케팅에서 당신은 메시지가 아니라 '메시지 전달자'다.

샘플로 보여 줄 제품을 가득 싣고 돌아다니던 시절, 집 안 거실을 소매점으로 꾸미던 시절, 제품 특성과 재정 통계수치가 담긴 기나긴 목록을 외워야 했던 시절은 지나갔다. 지금은 '21세기'다. 오늘날 네트워크 마케팅에서는 비즈니스 도구들이 그 모든 일을 대신한다. 당신은 사람들과 관계를 맺고 그들을 초대하기만 하면 된다.

그렇다고 해서 당신이 기술을 전혀 연마하지 않아도 된다는 얘기는 아니다. 그것은 반드시 필요하다. 앞의 '자산 1' 파트에서 살펴본 기술들을 갈고 닦아야 한다. 자신감을 갖는 기술, 거절에 대한 두려움을 극복하는 기술, 커뮤니케이션 기술, 뛰어난 스토리텔러로서의 능력, 타인에게 관심을 갖고 그들을 지도하는 능력 등등 말이다.

하지만 이것들은 누구나 계발할 수 있는 기술이다. 축구팀이나 학부모회, 체스 클럽의 설립, 정치 캠페인, 교회 운영위원회에 참여해 본 사람, 또는 어린이 야구단의 감독을 맡아 보았거나 밴드를 결성해 본 사람이라면, 네트워크 구축이 어떤 일인지 이해할 수 있다.

당신이 참여한 시스템을 복제하는 데에는 고도로 숙련된 세일즈맨이 필요 없다. 당신에게 필요한 것은 기본적인 비즈니스와 커뮤니케이션 기술을 기꺼이 배우고 자주적인 사업가이자 팀 구축자로 성장하려는 의지를 지닌 사람들이다.

뛰어난 판매 기술을 가진 사람은 극히 드물다. 반면 네트워크 구성과 코칭, 팀 구축을 위한 기술을 습득하는 일은 사실상 누구나 가능하다. 따라서 네트워크 마케팅은 수많은 평범한 사람들에게 문이 열려 있는 사업이다. 당신은 쉽게 복제할 수 있고 확장이 가능한 비즈니스를 소유하게 되는 것이다. 일단 5명으로, 그 다음엔 50명으로 네트워크를 성장시켜 놓으면, 500명, 5,000명, 또는 그 이상의 규모로 키우는 데 필요한 기본적인 기술을 터득한 셈이 된다.

이제 우리가 주목해야 할 주제는 '리더십'이다.

chapter 14

_{자산 6} 최고의
리더십 기술

    네트워크 마케팅의 세계를 조사하기 시작할 무렵 나는 여러 회의와 행사에 참석했다. 그리고 그 자리에서 많은 사람이 단상에 나와 다른 이들에게 자기 내면의 위대함을 발견하도록 영감을 주고 격려하는 모습을 보았다.

    맨손으로 시작하여 결국 가능하다고 생각조차 못했던 부를 일궈 낸 그들의 경험담을 들으면서, 나는 네트워크 마케팅 사업이 나의 부자 아버지가 가르친 것과 똑같은 것을 가르치고 있다는 사실을 깨달았다. 네트워크 마케팅 회사는 단순히 사람들에게 비즈니스의 원칙을 가르치는 게 아니라, 그들을 리더로 만들고 있었다.

    그들이 하는 이야기는 대개 돈에 관한 것처럼 보이지만, 사실 그들은 사람들이 껍질을 깨고 나오도록, 두려움을 극복하도록, 그리고 꿈을 향해 전진하도록 자극하고 있었다. 그러기 위해서는 강연자에게 리더십 기술이 필요했다. 커다란 꿈, 가족과 더 많은 시간 보내기, 자유 등을 강조하기 위해 흔하고 진부한 표현을 사용하는 사람은 많지만, 다른 사람들이 그러한 것들을 실제로 추구하게 이끌 만큼 충분한 신뢰와 영감을 불어넣는 사람은 좀처럼 찾아보기 힘들다. 바로 그렇기 때문에 리더십이 필요하다.

그것은 적절한 표현을 외워서 반복하는 문제가 아니다. 그것은 타인의 영혼을 향해 직접 이야기하는 능력과 관련된다. 이는 사용하는 언어를 뛰어넘는 자질이다. 즉 진정한 리더십이다.

> 리더십은 모든 비즈니스 기술을 한데 포괄하는 자질이다. 리더십은 훌륭한 비즈니스를 구축하는 핵심 요소다.

앞에서 소개한 '자산 1: 현실 세계의 비즈니스 교육'이나 '자산 2: 자기 계발을 이끄는 유익한 길'에 리더십 기술을 포함하는 것이 나을 것이라고 생각할지 모른다. 일리 있는 생각이다. 그 두 파트에 포함해도 무방하다. 하지만 사실 사람들을 이끄는 리더십은 아주 가치 있고 강력하며 쉽게 얻기 힘든 기술이기 때문에, 그 자체로 하나의 자산이라 할 만하며 따라서 하나의 장(章)을 차지할 자격이 충분한 주제다.

다른 비즈니스 기술들도 물론 모두 중요하다. 하지만 리더십은 그 모두를 한데 포괄하는 자질이다. 리더십은 훌륭한 비즈니스를 구축하는 핵심 요소다.

영혼을 향한 직접화법

나는 1950년대와 1960년대를 거치며 성장했고, 존 F. 케네디는 내가 목격한 최고의 연설가 중 한 명이었다. 1961년 5월 그가 연설에서 미국이 '1960년대가 끝나기 전에' 인간을 달에 착륙시킬 것이라고 공언했을 때, 사실 과학자들은 그런 목표를 성공시킬 구체적인 방법을 알지 못하는 상태였다. 그것은 단순히 야심찬 것이 아니라 터무니없게 느껴지는 목표였다. 하지만 결국 미국은 해냈다. 비록 케네디 대통령은 연설 후 3년이 채 지나지 않아 암살당했지만(공언했던 목표 연도를 6년 남겨 둔 상태였다.), 그의 리더십이 대단히 강력했기에 그의 비전은 사후에도 생명을 이어 갔다. 케네디는 암살당했고, 미국은 베트남 전쟁이라는 비극을 경험해야 했다. 또 폭동과 분열로 고통을 겪었고, 1968년에는 케네디 행정부의 부통령이 맡았던 대통령직을 케네디 생전에 라이벌이었던 리처드 닉슨에게 넘겨 주었다. 그럼에도 불구하고 우리는 어떤 성과를 달성했던가?

1969년 우리는 인간의 달 착륙을 성공시켰다. 물론 '1960년대가 끝나기 전에' 이루어진 일이었다.

그것이 바로 리더십의 힘이다. 강렬한 호소력으로 비전을 제시함으로써 어떤 목표든 실현하게 만드는 힘. 진정한 리더십은 거대한 산도 옮길 수 있다.

베트남 전쟁에서 나는 훌륭한 리더는 고함을 지르거나 폭력을 휘두르는 거친 사람이 아니라는 사실을 깨달았다. 치열한 전장에서 진정으로 위대하고 용감한 리더는 대개 과묵했지만, 이야기를 할 때면 사람들의 영혼과 정신을 향해 말을 걸어 왔다.

비즈니스의 세계에서 돈을 벌어들이는 것은 최고의 제품이나 서비스가 아니다. 돈은 최고의 리더가 있는 기업으로 흘러간다.

모든 위대한 리더는 탁월한 스토리텔러로서, 자신의 비전을 생생하고 분명하게 전달하여 다른 이들 역시 그것을 볼 수 있게 이끄는 능력이 있다. 예수와 부처, 테레사 수녀, 간디, 마호메트를 떠올려 보라. 그들은 모두 위대한 리더였으며, 이는 그들이 훌륭한 스토리텔러였음을 의미한다.

비즈니스의 세계에서 돈을 벌어들이는 것은 최고의 제품이나 서비스가 아니다. 돈은 최고의 리더가 있는 기업으로 흘러간다. 자신만의 고유한 이야기를 들려주는 법을 잊어버린 기업은 아무리 훌륭한 제품을 쌓아 놓고 있다 해도 얼마 안 가 시장에서 '사라지고' 만다. 재정적으로 허덕이는 기업을 보면 그 리더가 자사의 비전을 제대로 전달하지 못하는 경우가 많다. 효과적으로 이야기를 들려주는 법을 모르는 것이다. 그런 리더는 똑똑할지는 모르나 커뮤니케이션 능력은 형편없는 사람이다.

B 사분면의 삶을 위해 개발해야 하는 리더십 기술은 대개 E나 S 사분면에서 요구되는 관리 기술과 크게 다르다. 오해하지는 마라. 관리 기술도 물론 중요하지만, 관리 기술과 리더십 기술 사이에는 크나큰 차이가 있다는 얘기다. 관리자는 반드시 리더일 필요가 없고, 리

더 역시 반드시 관리자일 필요는 없다.

나는 S 사분면에 속하는 전문직 종사자나 소규모 사업체 소유주를 많이 만나 보았다. 그들은 자신의 비즈니스를 확장하고 싶어 했으나 그러지 못했다. 그들을 가로막는 이유는 한 가지였다. 바로 리더십이 없었다. 따라서 누구도 그들을 따르려 하지 않았다. 종업원들은 그들을 신뢰하지 않았고, 그들에게서 영감을 받는 일도 없었다. 나는 커뮤니케이션 능력이 부족하여 조직의 승진 사다리를 오르지 못하는 중간 관리자도 여럿 목격했다. 그리고 세상에는 꿈꾸던 연인을 만나지 못하는 외로운 사람들이 많다. 그것은 자신이 얼마나 좋은 사람인지를 상대에게 전달할 능력이 부족하기 때문이다.

커뮤니케이션 능력은 우리 인생의 모든 측면에 영향을 미친다. 그리고 네트워크 마케팅은 이 기술을 가장 중요하게 가르친다.

네트워크 마케팅 업계의 리더들은 때때로 자신을 "고소득 스토리텔러"라고 표현한다. 실제로 그들은 '최고 수준의' 보수를 받는 스토리텔러이며, 그 이유는 아주 간단하다. 그들이 '최고의' 스토리텔러이기 때문이다.

나는 네트워크 마케팅 사업 교육에 참가하기 시작하면서, 맨바닥에서부터 시작해 크게 성공을 거둔 사업 소유주들을 만나 보았다. 그들 중 많은 이들이 훌륭한 선생님 역할을 해내고 있었는데, 그들은 이론이 아닌 경험을 통해 가르쳤기 때문이다. 여러 사업 세미나 자리에서 나는 현실 세계 비즈니스에서 살아남는 방법을 직접적이고 생생하게 들려주는 그들의 이야기에 공감하며 고개를 끄덕이곤 했다.

세미나가 끝난 뒤 나는 강연자와 이야기를 나누곤 했다. 그럴 때면 나는 그들이 사업과 투자를 통해 벌어들이는 어마어마한 수입에 놀랐다. 그들 중 몇몇은 미국의 유명 CEO들보다 훨씬 더 많은 수익을 올렸다.

하지만 훨씬 인상적인 점은 따로 있었다. 그들은 이미 부자이므로 굳이 이런 행사에 강연자로 서는 일을 '할 필요가' 없는데도 다른 사람들을 가르치고 돕는 일에 열정적으로 임하고 있다는 사실이다.

나는 네트워크 마케팅 사업이 사람들의 능력을 끌어올리고 가르치는 리더들을 토대로 한다는 사실을 깨닫기 시작했다. 반면 전통적인 기업이나 공기업에서는 소수의 사람만 승진하고 나머지 대다수의 직원은 안정적인 봉급에 만족하며 머물러야 한다. 네트워크 마케팅 세계의 강연자들은 "성과를 내지 못하면 일자리를 잃게 될 겁니다."라고 말하지 않았다. 대신 그들은 이렇게 말했다. "당신이 더 훌륭한 성과를 내도록 제가 돕겠습니다. 당신에게 배우려는 의지가 있는 한 제가 얼마든지 가르쳐 드리겠습니다. 우리는 같은 팀이니까요."

아주 특별한 종류의 리더

많은 사람이 리더십이라는 자질을 내면에 갖고 있으면서도 실제로 발휘하지 못한다. 그럴 기회가 없기 때문이다. 나의 부자 아버지는 이 점을 간파하고 있었다. 부자 아버지가 내게 해병대에 지원하고 베트남 전쟁에 참전할 것을 권유한 이유 하나는 내가 리더십을 키울 수 있을 거라는 생각 때문이었다.

하지만 당신 내면의 리더를 눈뜨게 만들기 위해 반드시 해병대에 들어갈 필요는 없다. 네트워크 마케팅을 통해서 그 기회를 얻을 수 있기 때문이다. 더욱이 네트워크 마케팅 리더십 프로그램의 진정한 미덕은 단순히 리더십을 개발하는 것이 아니라 '특정한 종류의' 리더십을 키운다는 점에 있다.

> 네트워크 마케팅 세계에서는 꿈을 이루도록 사람들을 가르치는 스승이 됨으로써 그들에게 영향을 미치는 리더를 양성한다.

군대는 사람들을 격려하여 국가 수호의 임무에 전념하게 만드는 리더를 양성한다. 비즈니스 세계에서는 팀을 구축하여 경쟁자를 물리치게 이끄는 리더를 중요시한다. 반면 네트워크 마케팅 세계에서는 꿈을 이루도록 사람들을 가르치는 스승이 됨으로써 그들에게 영향을 미치는 리더를 양성한다.

적을 무찌르거나 경쟁에서 승리하는 데 몰두하는 것이 아니라, 대부분의 네트워크 마케팅 리더는 이 세상에서 남들에게 피해를 주지 않고 얻을 수 있는 금전적 보상을 획득하는 방법을 사람들에게 제시하고 가르친다.

리더십 개발 기회를 얻을 수 있다는 것은 네트워크 마케팅이 가진 고유한 가치다. 물론 리더십을 키울 수 있는 다른 분야는 얼마든지 있다. 군대, 정부, 기업에 이르기까지 인생의 모든 영역에서 리더가 배출된다. 하지만 그다지 많은 숫자는 아니다. 진정한 리더십은 매우 보기 드물다. 네트워크 마케팅을 제외한다면 말이다.

존은 그 이유를 다음과 같이 설명한다.

> 존 네트워크 마케팅의 독특한 점은 폭넓은 보상 구조와 100퍼센트 자발적으로 모인 일군의 사람들을 결합한다는 사실입니다.
>
> 네트워크 마케팅 참여자 가운데 출근부에 도장을 찍거나 사무실로 출근해야 하는 사람은 한 명도 없습니다. 독립 사업자인 그들은 누군가가 고용하거나 해고하는 일이 없습니다. 모두 자발적으로 참여하지요. 당신에게 무엇을 하라고 지시하는 사람은 아무도 없습니다. 누구도 당신에게 명령할 수 없습니다.
>
> 그렇다면 네트워크 마케팅 사업이 작동하는 원리는 무엇일까요? 이 기계를 움직이는 엔진이 무엇이겠습니까? 답은 한마디로 '리더십'입니다.

네트워크 마케팅 사업을 통해 당신이 개발한 리더십은 당신의 삶 구석구석에서 모습을 드러낼 것이다.

리더십의 네 가지 요소

전통적인 학교에서는 훌륭한 피고용인이 되기 위한 교육을 제공한다. 그들이 중요하게 여기는 것은 오로지 하나, 정신적 능력이다. 방정식을 잘 풀고 시험에서 좋은 성적을 거두면 회사를 운영할 수 있을 만큼 똑똑하다고 인정한다.

참으로 어처구니없는 관점이 아닐 수 없다.

오늘날 내가 성공한 사업가가 될 수 있었던 것은 해병대에서 받은 훈련 덕분이다. 군사학교는 사람들의 정신뿐만 아니라 감정적, 신체적, 영적인 능력에도 집중하여 훌륭한 리더가 되게 가르친다. 그곳에서는 극한의 조건에서 작전을 수행하는 법을 가르친다.

나는 베트남에서 헬리콥터를 조종할 수 있는 지식을 갖췄지만, 영적 능력을 개발하지 못했다면 결코 살아 돌아올 수 없었을 것이다. 영적 능력이 강하지 않았다면 두려움(감정)에 휩싸였을 테고, 그 때문에 무장 헬리콥터를 제대로 조종하지 못하고 얼어붙었을(신체) 것이다. 정신, 감정, 신체, 영성이라는 네 가지 요소가 조화를 이루었기에 나는 임무를 완수할 수 있었다.

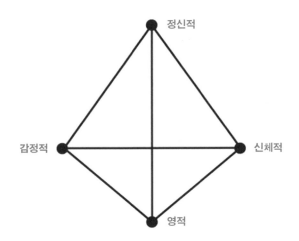

또한 그 덕분에 나는 비즈니스 세계에서 훌륭한 리더가 되는 데 필요한 지식을 갖출 수 있었다. 그것들은 사업에서 성공하기 위해 필요한 리더십의 네 가지 요소와 정확히 일치하기 때문이다. 정신, 영혼, 신체, 감정이 바로 그것이다.

만약 당신이 이 네 가지 측면을 통제하지 못하면 실패를 면할 수 없다. 그리고 당신이 종업원들로 하여금 이 네 요소를 개발하여 유능한 리더가 되도록 돕지 못해도, 당신은 역시 실패할 것이다. 이는 단순한 얘기 같지만 틀림없는 진실이다.

군사학교에서 배운 또 다른 교훈이 있다. 최전방에 서는 사람은 타인에게 호감을 얻느냐 마느냐의 문제에 연연하지 않아야 한다. 우리는 누구나 남들에게 사랑받고 호감을 얻기를 원한다. 그러나 훌륭한 리더가 되기 위해서는 적절한 경계선을 긋고, 사람들의 행동을 감독하고, 필요하다면 개선 조치도 취해야 한다. 때로는 사람들을 나무랄 일도 있을 것이다. 그것은 분명한 현실이며, 피해 갈 수 없는 과정이다. 하지만 그런 현실만 있는 것은 아니다. 당신은 가능한 최고의 팀을 구성할 수 있을 것이다. 당신의 기대치를 이해하고, 당신이 허용하는 것과 그렇지 않은 것을 이해하는 팀 말이다.

chapter 15

자산 7 진정한 부를 창출하는 메커니즘

미국 독립선언문 작성에 참여한 존 애덤스와 토머스 제퍼슨은 평생 우정을 나눈 친구였지만 서로 완전히 다른 타입이었다. 두 사람은 성향과 기질이 정반대였으며, 어떤 시기에는 지독한 정치적 라이벌이 되어 많은 이슈에서 팽팽히 대립하곤 했다. 각각 미국의 2대 대통령과 3대 대통령을 지낸 이들은 수년간 대화를 거부하기도 했다. 그러나 말년에는 화해를 했고, 두 사람이 오랜 세월 주고받은 서한들은 미국 문학사의 소중한 보물이 되었다.

두 사람은 같은 날, 즉 1826년 7월 4일에 세상을 떠났다. 그들이 벤저민 프랭클린과 함께 작성한 독립선언문에 서명한 지 꼭 50년째 되는 날이었다.

이 두 사람과 관련하여 흥미로운 사실이 하나 더 있다. 바로 부에 대한 관계다.

제퍼슨은 전형적인 버지니아 출신 귀족 지주로서, 수천 에이커에 달하는 부동산을 소유하고 있었다. 매사추세츠의 변호사인 애덤스는 가난한 농부 집안의 아들이었으며, 이렇다 할 큰 부를 누리지 못하는 삶을 살았다. 그러나 두 사람이 눈을 감던 날 애덤스는 약 10만 달러의 자산을 남겼다. 반면 제퍼슨은 '부채'가 약 10만 달러였다.

> 부는 돈과 똑같은 것이 아니다. 부는 수입의 규모로 측정할 수 없다. 부는 시간으로 측정한다.

제퍼슨은 돈과 부동산을 소유하고 있었지만 모두 어디론가 사라지고 말았다. 애덤스는 결코 많은 '돈'을 보유하지 않았지만, 소박한 삶을 영위하는 한편 부의 구축 방법을 정확하게 간파하고 있었다.

내가 이 책을 집필한 중요한 이유 중 하나는 돈과 부의 결정적인 차이를 사람들에게 이해시키기 위해서다. 어째서 복권 당첨자들은 수백만 달러를 손에 넣은 뒤 3년이 채 지나지 않아 파산할까? 그들은 갑작스러운 '돈'벼락을 맞았을 뿐 '부'에 대한 개념이 전혀 없기 때문이다.

부는 돈과 똑같은 것이 아니다. 부는 수입의 규모로 측정할 수 없다. 부는 시간으로 측정한다. 만약 내 이름으로 된 재산이 당좌예금과 보통예금을 합쳐 1,000달러이고 하루 생활비가 100달러라면, 나는 열흘치의 부를 보유한 것이다. 부는 곧 앞으로 얼마만큼의 기간 동안 생활을 유지할 수 있는가 하는 능력에 해당한다. 스스로 질문을 던져 보라. "내가 오늘 일하는 것을 중단하면, 재정적으로 얼마나 오랫동안 살아남을 수 있는가?" 그 답이 바로 현재 당신이 보유한 부에 해당한다.

조금 더 자세하게 정의를 내려 보자. 부는 '현재 당신의 부유함 정도에, 그 부유함의 수준을 유지하면서 앞으로 지속할 수 있는 미래의 날들을 더하여' 측정할 수 있다.

부자들이 더욱 부자가 되는 이유 하나는 그들이 다른 종류의 돈을 위해 일하기 때문이다. 즉 그들은 수입을 발생시키려고 노력하지 않고, 부를 구축하려고 애쓴다. 이 둘은 굉장한 차이가 있다.

네트워크 마케팅 사업이 지닌 매우 중요한 가치는 바로 이 사업이 개인적 부를 창출하는 엔진이라는 점이다. 안타깝게도 이 사업을 바라보는 대다수 사람들이 이 사실을 깨닫지 못한다.

재정적 자유를 향한 4단계

킴과 나는 직장을 다니지 않고, 정부 보조금을 받거나 주식 또는 뮤추얼 펀드를 거래하지 않고도 비교적 이른 나이에 은퇴할 수 있었다. 왜 주식이나 뮤추얼 펀드 거래를 하지 않았을까? 리스크가 매우 큰 투자라고 생각했기 때문이다. 내 생각에 뮤추얼 펀드는 모든 투자 가운데 가장 위험한 편에 속한다.

우리 부부는 간단한 4단계 계획을 통해 비교적 젊은 나이에 부자로 은퇴했다. 1985년부터 1994년까지, 밑바닥에서 시작하여 재정적 자유에 이르기까지 9년이라는 시간이 걸렸다. 주식이나 뮤추얼 펀드는 손도 대지 않았다. 우리가 택한 4단계는 다음과 같다.

1) 사업을 구축한다.
2) 사업에 재투자한다.
3) 부동산에 투자한다.
4) 자산으로 인해 얻는 호사를 누린다.

이 과정을 하나씩 차례대로 살펴보자.

1) 사업을 구축한다

사업을 함으로써 당신은 큰돈을 벌 수 있다. 더욱이 미국을 비롯한 여러 나라의 세법은 B 사분면에서 소득을 올리는 사람에게 매우 유리하고 E 사분면에서 수입을 얻는 사람에게는 불리하다.

사업은 어린아이와 같다. 성장하려면 시간이 걸리기 때문이다. 상황에 따라 다소 차이는 있겠지만, 사업을 성공적으로 이룩시키기까지는 일반적으로 약 5년이 소요된다.

2) 사업에 재투자한다

이 단계의 핵심은 사업을 생활비를 위한 수입원으로 삼아서는 안 된다는 것이다. 많은 신참 네트워크 마케터들이 이와 같은 실수를 저지른다. 그들은 새로 시작한 사업에서 소득이 발생하는 것을 확인하기 시작하면, 그 소득을 이용해 가계 소비를 늘리기 시작한다. 새 차를 장만하고, 더 큰 집으로 이사하고, 화려한 휴가를 즐긴다.

사람들은 어째서 이렇게 행동할까? 바보라서가 아니다. 나는 매우 똑똑하고 박식한 사람들이 이런 행동 패턴을 보이는 것을 목격했다. 그 이유는 단 하나다. 여전히 'E 사분면 안에서' 생활하고 숨 쉬고 생각하기 때문이다. 부를 쌓고 싶다면, 사분면의 왼쪽을 벗어나 B와 I 사분면의 사고를 시작해야 한다.

무엇보다도 원래 몸담고 있던 일이나 직장을 유지하라. 원래 직업을 버리고 사업을 택하는 것을 목표로 해서는 안 된다. 그것은 사업을 새로운 직장으로 여기는 것과 마찬가지다. 그렇게 해서는 절대 부를 구축할 수 없다. 그 대신 사업에서 어느 정도 소득이 나오기 시작하면 곧장 2단계로 돌입하라. 즉 발생한 소득을 그 사업에 재투자하여 훨씬 더 큰 사업으로 성장시켜라.

당신은 이렇게 말할지 모른다. "하지만 나는 직장에 계속 다니고 싶지 않습니다. 지긋지긋하다고요! 결국 당신 말의 요점도 직장을 그만두란 얘기 아닌가요? 나는 당장 그만두고 싶단 말입니다!"

충분히 그럴 만하다. 당신은 E 사분면을 탈출하여 현재의 직장을 그만두고 싶다. 지금 하는 일이 끔찍하게 싫을지도 모른다. 혹은 내가 만나 본 수많은 전문직 종사자처럼 자신의 일은 사랑하지만 일주일에 40시간, 50시간, 또는 60시간을 일해야 한다는 사실이 불만스

> 사업 종류를 막론하고 많은 사람이 커다란 부를 쌓지 못하는 이유는 해당 사업에 꾸준히 재투자를 하지 않기 때문이다.

러울지도 모른다. 당신의 상황이 어떻든 간에, 변함없는 사실이 하나 있다. 당신이 새로운 사업을 통해 벌어들인 수입을 매달 생활비로 소진해 버린다면, 그것은 사업을 구축하는 것이 아니다. 그저 직업이 하나 더 늘어난 것뿐이다.

진정한 사업가는 사업을 구축하기 위해 끊임없이 투자와 재투자를 행한다. 사업 종류를 막론하고 많은 사람이 커다란 부를 쌓지 못하는 이유는 해당 사업에 꾸준히 재투자를 하지 않기 때문이다.

그렇다면 네트워크 마케팅에서는 어떨까?

존 전통적인 사업에서 대개 재투자는 새로운 건물 건축, 전국적인 광고 시행, 새로운 제품 라인 개발, 또는 새로운 유통 채널 확보 등의 방식으로 이루어집니다. 하지만 네트워크 마케터는 그런 방식으로 경비를 지출할 일이 없습니다. 당신 대신 네트워크 마케팅 회사가 그런 종류의 투자를 진행하기 때문입니다.

그렇다면 네트워크 마케터는 사업에 대한 재투자를 어떻게 할까요? 당신의 돈을 현명하게 투자할 수 있는 부분들이 분명히 존재합니다. 훈련과 교육, 당신의 네트워크가 성장하는 다른 도시들을 방문하는 일, 홍보 및 교육 도구, 사업 성장을 돕기 위한 자원 등에 투자할 수 있다는 얘기입니다.

하지만 대부분 네트워크 마케팅에서 주요 자본투자에 해당하는 것은 당신의

| 돈이 아니라 '시간과 노력'입니다.

다시 말해 네트워크 마케팅을 통해 획득한 수입은 대부분 당신의
부를 구축하는 중대한 과정에 투입된다. 내가 분명히 '부의 구축'이
라고 했지 '부의 낭비'라고 하지 않았다는 점을 잊지 마라.

당신만은 다른 사람들이 저지르는 실수를 되풀이하지 않기 바란
다. 새로 벌어들인 수입을 더 큰 차와 더 넓은 집, 더 화려한 라이프
스타일에 털어 넣지 마라. 새로운 사업이 창출하는 수입을 더 큰 구
멍에 쏟아붓느라 탕진해 버리지 마라.

새로운 소득에는 그에 마땅한 대우를 해 주어라. 즉 투자하라.

3) 부동산에 투자한다

사업 수익이 지속적으로 오르면 그 추가 수익을 이용하여 부동산
을 구매하는 것이 좋다.

내가 설명하는 계획에는 뮤추얼 펀드나 주식 포트폴리오, 그 밖의
명목 자산이 없다는 사실을 눈치 챘을 것이다. 그 이유는 이렇다. 그
것들은 구축하기 가장 쉬운 자산일지 모르나(그저 매입하기만 하면 된다.),
주식과 뮤추얼 펀드 거래에는 리스크가 따르고, 그로 인한 이익에는
자본소득세율이 적용되며, 투자 리스크를 줄이기 위해서는 금융 교
육이 필요하다. 내가 강조하는 개념은 새로운 추가 소득을 이용하여
'수입을 발생시키는 자산'을 구축하는 것이다. 수입을 발생시키는 자

산에는 여러 종류가 있지만, 내가 가장 많이 추천하는 종류는 부동산이다. 여기에는 중요한 두 가지 이유가 있다.

첫째, 세법이 부동산에 투자하는 사업가에게 유리하다.

둘째, 은행이 부동산 투자용 대출 신청을 반긴다. 담당 은행원에게 뮤추얼 펀드나 주식 구매를 위해 6.5퍼센트 이자로 30년 상환 대출을 신청해 보라. 그들은 당신을 비웃느라 바쁠 것이다.

사람들은 내게 종종 이렇게 묻는다. "월세 내기도 빠듯한 형편에 어떻게 부동산을 삽니까?" 좋은 질문이다. 그건 불가능한 일이다. 내 말은 여윳돈이 생기기 전까진 힘들다는 얘기다. 그래서 이 세 번째 단계를 사업 구축과 지속적 성장을 위한 재투자를 설명한 '이후에' 소개하는 것이다. 여분의 자금을 마련하는 것이 먼저이기 때문이다.

여기서 잠깐 내가 말하는 '부동산 투자'의 의미를 설명해야겠다. 부동산이 자산이 될 수 있는 이유를 완전히 잘못 알고 있는 사람이 많기 때문이다. 대부분의 사람은 부동산을 특정 가격에 구입하여 더 높은 가격에 되파는 일(서둘러 개조하여 재빨리 매도하든, 나중에 천천히 팔든)이 부동산의 핵심이라고 생각한다. 이는 잘못된 생각이다. 그것은 소를 사서 되판 돈으로 스테이크를 사 먹는 것과 다를 바 없다. 당신은 소를 사서 계속 사육하면서 거기서 나오는 우유를 내다 팔아야 한다.

부동산을 매입하는 목적은 매도가 아니다. 수입을 발생시키는 자산을 구축하는 것이다.

그 방법을 배우는 데에는 시간, 교육, 경험, 그리고 돈이 필요하다.

무언가 새로운 것을 배우는 일이 으레 그렇듯, 여기서도 실수를 피하기는 어렵다. 게다가 부동산 투자(특히 자산 관리)의 실수에는 엄청난 비용이 수반될 수 있다. 당신이 꾸준한 추가 수입이 없고 B 사분면 사업에 따르는 세금 혜택을 누릴 수 있는 상태가 아니라면, 부동산은 너무 리스크가 높거나 수익을 얻기에는 시간이 오래 걸리는 대상이다.

많은 사람이 부동산을 통해 부자가 되지 못하는 이유는 거기에 투자할 자금이 없기 때문이다. 실제로 최고의 수익률을 보장하는 부동산 거래에는 대개 큰돈이 들어간다. 자금이 충분치 않다면, 당신은 돈을 가진 사람들이 남겨 놓은 부동산 거래에만 손을 댈 수 있다. 많은 사람이 '현금을 걸 필요가 없는' 투자를 찾으려고 애쓰는 이유는 실제로 투입할 돈이 없기 때문이다. 당신이 매우 경험이 풍부하고 언제든 쓸 수 있는 현금을 충분히 보유한 상태가 아니라면, 당신의 돈은 한 푼도 걸지 않으면서 부동산에 손을 대는 것은 당신 생애에서 가장 값비싼 투자가 될지도 모른다.

4) 자산으로 인해 얻는 호사를 누린다

우리 부부는 다소 금전적 여유가 생긴 후에도 한참 동안 매달 400달러의 대출금을 갚으며 작은 집에서 지냈고 평범한 자동차를 몰았다. 그러는 한편 추가 수입이 생길 때마다 그 돈을 사업 구축과 부동산 투자에 투입했다.

현재 우리는 큰 집에 살며 고급 자동차를 여섯 대 갖고 있다. 하지만 그 집과 자동차는 우리가 산 게 아니다. 우리의 '자산'이 산 것이다. 우리는 그저 그것들을 누릴 뿐이다.

내가 말하는 '호사'는 반드시 터무니없이 비싸거나 화려한 물건을 뜻하는 것이 아니다. 그것은 당신이 원하고 즐길 수 있는 무엇, '필요한' 수준 이상의 무엇을 의미한다.

예를 들어 설명해 보겠다. 주변 사람 중에 생계 때문에 일을 하긴 하지만 그 일을 좋아하지 않는 누군가를 떠올려 보라. 당신이 "그 일이 그렇게 싫다면 당장 그만두는 게 낫지요!"라고 말한다면, 그 사람은 아마 이렇게 말할 것이다.

"나도 그러고 싶어요. 하지만 그런 호사를 부릴 여유가 없어요."

바로 그거다. 많은 사람이 간절히 바라는 호사 가운데 하나는 일을 하지 않아도 되는 것이다. 그런 호사를 어떻게 얻을 수 있을까? 답은 앞에서 말한 것과 같다. 사업이나 부동산이 당신 대신 일하여 그 호사를 사게 만들어라. 그러기 위해서는 그 정도가 가능해지는 수준까지 그 자산들을 키워 놓아야 한다.

내 말이 충분히 이해되는가?

수입을 이용해 호사를 누려서는 안 된다. 당신의 수입은 자산(즉 사업과 부동산)을 구축하는 데 써야 한다. 그러고 나서 자산이 충분히 성장하면, 그 자산으로 인해 얻게 되는 호사를 누려야 한다.

이제 다음 장에서 우리는 '꿈'이라는 주제를 살펴볼 것이다.

chapter 16

자산 8 커다란 꿈과 그것을 실현할 능력

네트워크 마케팅 기업이 가진 매우 훌륭한 가치 하나는 꿈을 향한 전진의 중요성을 강조한다는 점이다. 내가 "꿈을 '갖는' 것의 중요성"이라고 하지 않았음에 주목하라. 그들은 당신이 그저 꿈을 '갖는' 것이 아니라 꿈을 '실현'하기를 원한다.

게다가 그들은 당신이 '큰 꿈'을 꾸도록 장려한다. 내가 네트워크 마케팅 세계를 들여다보기 시작하면서 경험한 가장 놀라운 일 중 하나는 예전보다 훨씬 더 큰 꿈을 꾸고 있는 자신을 발견한 것이다.

대개 전통적인 기업에서는 당신이 큰 꿈을 꾸는 것을 별로 반기지 않는다. 그런 기업은 당신이 소박한 꿈을 꿔야만 원활하게 돌아간다. 짧은 여름휴가, 수수한 공동 휴가 시설, 적당히 즐길 만한 취미, 일요일 오후의 즐거운 골프 한 게임, 그런 것들 말이다.

작은 꿈을 갖는 것이 잘못이라는 얘기가 아니다. 내가 말하고 싶은 것은 그러면 작은 삶을 살 수밖에 없다는 사실이다.

어린 시절에 나는 부모님이 이렇게 말하는 것을 자주 들었다. "우리는 그걸 살 여유가 없단다." 하지만 나의 부자 아버지는 자신의 아들과 내가 그런 말을 하지 못하게 했다. 대신 스스로에게 이렇게 물으라고 했다. "어떻게 하면 그것을 살 능력을 가질 수 있을까?"

이 두 표현은 큰 차이가 없어 보일 수도 있지만 사실은 엄청난 차이가 있다. 사고방식의 작은 변화가 삶의 이런저런 경험, 인식, 결정들과 합쳐져 효과가 배가되면, 당신은 그런 변화가 없었을 경우에 도달했을 지점과는 엄청나게 멀리 떨어진 지점에 도달하게 된다.

"어떻게 하면 그것을 살 능력을 가질 수 있을까?" 하고 묻는 습관을 갖는 것은 곧 점점 더 큰 꿈을 꾸도록 훈련하는 것이다. 또 꿈꾸는 데 그치는 것이 아니라 그것을 실현할 수 있다는 믿음을 갖게 된다. 반면 "나는 그걸 살 여유가 없어."라는 말은 젖은 수건이 촛불을 꺼뜨리듯 당신의 꿈을 끄고 만다. 게다가 세상에는 당신의 꿈에 찬물을 끼얹으려는 사람들이 이미 너무 많다! 악의가 있든 없든, 그들이 하는 이런 말들은 당신의 꿈에 대단히 해로운 영향을 미친다.

- "너는 할 수 없어."
- "그건 너무 위험해. 그 일에 도전했다가 실패한 사람이 얼마나 많은지 아니?"
- "바보 같은 소리 하지 마. 대체 어쩌다 그런 생각을 한 거야?"

- "그게 정말 좋은 아이디어라면 벌써 누군가가 먼저 시도하지 않았겠어?"
- "아, 나도 몇 년 전에 그런 시도를 했었지. 그게 왜 불가능한지 말해 줄게."

이것들은 꿈을 죽이는 말이다. 나는 이렇게 말하는 사람들에게서 흥미로운 공통점을 발견했다. 그들은 대개 자신의 꿈을 포기해 버린 사람이었다.

정말 중요한 것은 큰 집을 살 능력을 갖기 위해 노력하고, 배우고, 힘껏 최선을 다하는 과정, 그리고 그 과정에서 어떤 사람이 되느냐 하는 점이다.

우리 부부는 파산을 맞았을 때, 나중에 백만 달러가 넘는 돈을 모으면 커다란 집을 사자고 늘 얘기했다. 우리는 실제로 그것을 이루었고, 큰 집에 사는 일은 행복했다. 그러나 집 자체는 우리에게 중요하지 않았으며 심지어 그런 집을 살 능력을 가졌다는 사실도 중요하지 않았다. 중요한 것은 그 과정에서 '우리가 어떤 사람이 되었느냐'였다.

정말 중요한 것은 큰 집을 살 능력을 갖기 위해 노력하고, 배우고, 힘껏 최선을 다하는 과정, 그리고 그 과정에서 어떤 사람이 되느냐 하는 점이다. 나의 부자 아버지는 말했다.

"작은 꿈을 꾸는 사람은 계속 작은 사람으로 살아갈 수밖에 없단다."

모든 사람이 꿈을 꾸지만 모두 같은 방식으로 꿈을 꾸는 것은 아니다. 부자 아버지는 꿈꾸는 사람들에는 다섯 가지 유형이 있다고 가르쳐 주었다.

- 과거에 갇혀 꿈꾸는 사람

- 작은 꿈만 꾸는 사람

- 꿈을 이룬 후 권태 속에 사는 사람

- 큰 꿈을 가졌지만 계획을 세우지 않아 아무것도 이루지 못하는 사람

- 큰 꿈을 꾸고 그것을 이룬 후에 더 큰 꿈을 향해 전진하는 사람

과거에 갇혀 꿈꾸는 사람

이들은 이미 과거에 인생 최대의 성과를 달성했다고 생각한다. 이 유형의 사람들은 대학 시절이나 군대 시절 이야기, 고교 풋볼 팀에서 활약했던 이야기, 어린 시절을 보낸 시골 이야기를 자랑스럽게 늘어 놓는다. 그러나 미래에 대한 대화를 시도하면, 고개를 저으며 이렇게 말하곤 한다. "아, 좋은 시절은 이제 다 갔어요."

과거에 갇혀 꿈꾸는 사람은 인생이 끝난 것이나 마찬가지다. 실제로 죽은 것은 아니지만 진정 살아 있다고 할 수도 없다. 그들이 현실의 삶으로 돌아오는 유일한 방법은 꿈을 향한 열정을 다시 불러일으키는 것이다.

작은 꿈만 꾸는 사람

어떤 사람들은 그저 작은 꿈을 꾸는 수준에만 머문다. 그래야 꿈을 달성할 수 있다는 자신감을 느낄 수 있기 때문이다. 아이러니한 점은 그 작은 꿈을 충분히 이룰 수 있다는 것을 알면서도 대개는 결코

행동으로 옮기지 않는다는 사실이다. 이유가 무엇일까? 누가 알겠는가! 아마도 그 꿈을 이루고 나면 삶의 목표가 사라져 버린다고 생각하기 때문일 것이다. 그걸 이룬 뒤 더 큰 꿈을 만들지 않는 한 말이다.

다시 말해 그들은 더 큰 삶에 따르는 리스크와 즐거움 대신 작은 삶을 사는 쪽을 택하는 것이다. 세월이 흐른 뒤 그들은 이렇게 말할 것이다. "오래전에 그걸 했어야 했는데. 하지만 그럴 여유가 없었어."

나는 예전에 이런 유형의 사람을 만난 적이 있다. 그때 나는 물었다. "만약 세상의 모든 돈을 갖게 된다면 어디로 여행을 가고 싶습니까?"

그가 대답했다. "캘리포니아에 있는 누나를 만나러 가고 싶습니다. 14년째 못 보고 있거든요. 조카들이 더 자라기 전에 누나와 함께 꼭 만나 보고 싶어요. 그게 내가 꿈꾸는 휴가입니다."

그가 바라는 여행은 500달러면 충분히 할 수 있는 일이었다. 내가 그 점을 언급하면서 왜 지금껏 캘리포니아에 가지 않았냐고 묻자 그가 말했다. "아, 갈 겁니다. 하지만 지금 당장은 너무 바빠서요." 다시 말해 그가 '꿈꾸는 휴가'는 실제로 몸을 움직여 실현하기보다는 그저 꿈으로만 간직하기 위한 휴가였던 것이다.

나의 부자 아버지는 이런 식의 꿈을 가진 사람이 대개 가장 위험하다고 말했다.

"그들은 거북이와 같단다. 조용하고 안락한 자기만의 방에 틀어박혀서 움직이지 않지. 네가 만약 그들을 둘러싼 껍데기를 두드리고 안을 들여다보려 하면 그들은 바로 달려들어 너를 물어 버릴 게다."

여기서 얻는 교훈은 꿈꾸는 거북이는 그저 꿈이나 꾸게 내버려 두라는 것이다. 그들은 대개 아무것도 이루지 못하지만 자신의 상황에 만족하는 듯이 보인다.

꿈을 이룬 후 권태 속에 사는 사람

내 친구 한 명은 이렇게 말했다. "20년 전에 나는 의사가 되겠다는 꿈을 꾸었지. 지금 나는 그 꿈을 이뤘고 의사의 삶에 만족하네. 하지만 사는 게 너무 지루해. 뭔가 빠진 듯 허전한 기분이랄까."

권태는 새로운 꿈을 찾아야 할 때가 왔다는 신호다. 부자 아버지는 말했다.

"많은 사람들이 고등학교 시절에 꿈꾸었던 직업을 갖고 있지. 문제는 그들이 고등학교를 졸업한 지 너무 오래되었다는 점이야. 또 다른 새로운 꿈이 필요한 때란다."

큰 꿈을 가졌지만 계획을 세우지 않아 아무것도 이루지 못하는 사람

이 유형에 속하는 사람들은 주변에서 흔히 볼 수 있다. 그들은 이렇게 말한다. "엄청난 아이디어가 떠올랐어. 내 새로운 구상을 좀 들어 봐.""이번엔 분명히 다르다니까.""이제 정말 마음잡았어.""더 열심히 일해서 밀린 청구서도 해결하고 투자도 할 거야.""이 지역에 새로운 기업이 진출한다는데, 거기서 찾는 인재가 내 조건과 딱 맞아. 내게 절호의 기회가 온 셈이야."

부자 아버지는 말했다. "이런 부류의 사람은 많은 걸 성취하려고 노력하지만 혼자 스스로 해내려고 애쓰지. 하지만 혼자만의 힘으로 꿈을 이루는 사람은 극히 드물단다. 꾸준히 큰 꿈을 꾸고, 계획을 세우고, 그런 다음엔 꿈을 실현하도록 도와주는 팀을 찾아야 해."

큰 꿈을 꾸고 그것을 이룬 후에 더 큰 꿈을 향해 전진하는 사람

누구나 이런 사람이 되고 싶어 할 것이다. 나는 그렇다. 당신도 그렇지 않은가?

나의 부자 아버지는 이렇게 말했다.

"큰 사람은 큰 꿈을 꾸고 작은 사람은 작은 꿈을 꾼다. 너 자신을 변화시키고 싶다면 꿈의 크기부터 바꿔라."

당신도 알다시피, 나는 파산을 경험했다. 아내와 함께 차에서 생활해야 할 만큼 완전히 빈털터리가 되었다. 나는 그런 경험이 어떤 것인지 누구보다도 잘 안다. 그러나 '파산'은 일시적인 상황이다. 가난과는 다르다. 가난은 일종의 마음가짐이다. 파산하고도 여전히 부자와 같은 정신과 포부와 용기, 의지를 유지할 수 있다. 큰 꿈을 꾸는데는 돈이 들지 않으며, 나아가 '원대한' 꿈을 꾸는 일 역시 단 한 푼도 추가되지 않는다. 얼마나 심각한 파산을 겪느냐는 별로 중요하지 않다. 당신이 가난해지는 유일한 길은 꿈을 포기하는 것이다.

네트워크 마케팅 세계의 독특한 매력은 꿈을 40년 후에 도달하는 무엇, 또는 몇 주 동안, 또는 일요일 오후에 이룰 수 있는 것으로 규정하지 않는다는 점이다. 네트워크 마케팅 사업을 시작하면 당신은 첫날부터 꿈을 실현하기 시작할 수 있다. 비록 초반의 수확은 작을지라도 말이다.

이는 '할 수 없다.'에서 '할 수 있다.'로 사고방식이 변화하는 것이다. 주변 상황과 환경에 휘둘리는 태도에서 인생의 주도권을 쥐는 자세로, 예속당하는 삶에서 자유로운 삶으로 변화하는 것이다.

자주적인 삶에 대한 명상을 담은 책 『월든』에서 소로는 다음과 같이 말했다.

나는 경험을 통해 깨달았다. 꿈을 향해 당당하게 전진하며 자신이 원하는 삶을 살기 위해 노력하는 사람은 평범한 삶에서는 결코 상상할 수 없는 성공을 마주하게 된다는 것을.

나라면 생각해 내지 못했을 멋진 말이다.

chapter 17

여성이 두각을
나타내는 비즈니스

지금까지 나는 아내 킴을 여러 차례 언급했다. 내가 그녀를 처음 만나 데이트를 신청한 과정, 힘들었던 우리의 과거 시절, 우리 부부의 목표와 전략, 우리가 함께해 온 삶이 도착한 지점 등에 대해서 얘기했다. 2부를 마무리하기 전에, 그녀의 이야기를 직접 들어 보는 기회를 갖는 것이 좋으리라는 생각이다.

― 로버트 기요사키

지금까지 로버트가 네트워크 마케팅이라는 사업과 그것이 커다란 가치를 창출할 수 있는 여러 방식에 대해 설명했다. 나는 여기에 한 가지 설명을 덧붙이고자 한다. 네트워크 마케팅은 여성이 강력한 힘을 발휘할 수 있는 사업이라는 사실이다.

네트워크 마케팅과 관련한 기본적인 통계자료를 살펴보면 가장 먼저 눈에 띄는 놀라운 사실이 있다. 바로 종사자들의 성비를 보면 '여자가 남자보다 4배 이상 많다'는 점이다.

직접판매협회에 따르면, 미국에서 네트워크 마케팅에 종사하는 1500만 명 가운데 약 88퍼센트가 여성이다. 이 협회에서는 6200만 명이 넘는 전 세계 네트워크 마케팅 종사자들에 대한 성별 분석 자료를 제공하지는 않지만, 세계적으로 보더라도 그 성비는 미국의 상황과 거의 비슷할 것이다.

이유가 무엇일까? 역사적으로 많은 가정에서 네트워크 마케팅 사업을 부업으로 시작했다는 점이 한 가지 이유다. 남성이 생계를 책임지는 가장인 많은 가정에서 재택근무 부업을 시작하는 쪽은 여성이었다.

> 하위 마케터들의 네트워크 성장을 위해 네트워크 마케팅 스폰서로서 도움을 제공하고, 지도하고, 관계를 돌보는 일은 바로 여성이 탁월한 능력을 발휘할 수 있는 작업이다.

또 하나의 중요한 이유는 이것이 재택근무 형태의 사업이라는 점이다. 즉 네트워크 마케팅은 가정을 돌보는 일과 병행할 수 있는 독특한 사업이다.

하지만 나는 현실적 이유나 역사적 배경을 뛰어넘는 또 다른 이유가 있다고 생각한다.

네트워크 마케팅은 근본적으로 '관계' 중심의 비즈니스다. 로버트도 설명했듯이 이것은 '판매' 중심의 비즈니스가 아니다. 이것은 관계 수립, 코칭 및 훈련, 교육과 조언을 핵심으로 하는 사업이다. 실제로 네트워크를 구축하는 작업에서는 판매 영역을 개척하는 것보다 커뮤니티를 구축하는 일의 비중이 더 높다.

그리고 하위 마케터들의 네트워크 성장을 위해 네트워크 마케팅 스폰서로서 도움을 제공하고, 지도하고, 관계를 돌보는 일은 바로 여성이 탁월한 능력을 발휘할 수 있는 영역이다.

물론 그렇기 때문에 남성이 네트워크 마케팅에서 성공하기 어렵다는 의미는 아니다. 날마다 수많은 남성이 그 사실을 증명해 보이고 있다. 하지만 이것이 여성이 두각을 나타낼 수 있는 사업 모델이라는 점은 확실하다.

여성에게 필요한 것

이것은 반가운 소식이다. 오늘날 여성들은 실로 자신의 부를 구축하는 방법을 배워야 하기 때문이다.

몇 년 전 한 젊은 저널리스트가 대단히 열정에 찬 목소리로 나에게 이렇게 말했다. "우리는 여성들에게 스스로 재정적 삶의 주인이 되어야 한다는 사실을 일깨워야 합니다. 자신의 재정적 삶을 다른 누군가에게 의지해서는 안 됩니다!"

함께 이야기를 나눠 보니 그녀가 그토록 여성의 재정 자립을 강조하는 이유를 알 수 있었다. 얼마 전 54세인 어머니가 이혼을 하고 자기 재산이라고 할 만한 게 거의 없는 상태에서 딸인 그녀의 집으로 들어와 함께 살게 되었다는 것이다. 그녀는 자기 자신은 물론 어머니의 생계까지 책임지고 있었다.

이런 상황만으로도 긴장하기에 충분했지만, 그녀가 정말로 정신을 바짝 차리게 된 계기는 앞으로의 생활을 위해 재정 상태를 면밀하게 검토한 일이었다. 그녀는 만일 자신의 고정 수입이 갑자기 중단되면 의지할 수 있는 자산이 약 7,000달러의 저축액뿐이라는 사실을 깨달았다.

7,000달러는 두 명이 살아가기에 그리 오래 버틸 수 있는 금액이 아니었다. 두 모녀는 얼마 후면 극빈층이 되거나 심지어 노숙자 신세로 전락할 수도 있었다. 그녀가 여성 스스로 재정적 삶의 주인이 되어야 한다는 점을 열정적으로 강조한 것은 당연한 일이었다!

다행히도 나는 그 젊은 여성과는 처지가 다르다. 우리 부부는 사회의 전반적 경기와 상관없이 여생을 안락하게 보낼 수 있을 만큼 재정적 안정을 구축한 상태니까 말이다.

하지만 나는 극단적인 위기감 속에 살지는 않을지라도 그 젊은 저널리스트 못지않게 여성의 재정적 독립이라는 주제에 큰 관심을 갖고 있다.

네트워크 마케팅 사업의 '방법론' 부분은 여자라고 해서 남자와 다르지 않다. 그러나 여성이 네트워크 마케팅에 뛰어드는 '이유'는 남성과 다른 경우가 많다.

우리는 분명 어머니 세대와 매우 다른 삶을 살고 있다. 하지만 그

차이가 얼마나 큰지 알면 당신은 새삼 놀랄지도 모른다. 여성이 네트워크 마케팅을 통해 자신의 부를 구축하는 것이 바람직한 여섯 가지 이유는 다음과 같다.

1) 통계자료

여성과 돈에 관한 통계는 놀라운 사실을 보여 준다. 다음에 나열한 내용은 미국의 통계자료이지만 세계 곳곳의 다른 나라들에서도 비슷한 상황 또는 동일한 추세가 나타난다.

미국의 통계 결과는 다음과 같다.

- 50세 이상 여성의 45퍼센트가 배우자 없이 혼자 산다. 즉 이들은 재정적 문제를 스스로 책임진다.

- 여성의 퇴직금은 남성보다 적다. 여성은 주로 가정을 돌보는 역할을 맡으므로 노동인구에서 제외되는 (즉 일하지 않는) 기간이 평균 14.7년인 반면 남성은 1.6년에 불과하기 때문이다. 게다가 여전히 여성의 임금이 더 낮다는 점까지 고려하면, 여성의 퇴직 수당은 남성의 약 4분의 1에 불과하다.(출처: 여성과 은퇴 연구 센터 National Center for Women and Retirement Research)

- 여성의 기대수명은 남성보다 평균 7~10년 더 길기에(출처: 앤 레티어시 Ann Letteeresee, 2000년 6월 12일), 여성은 자신의 생계를 책임져야 하는 시간이 그만큼 더 길다. 한편 베이비붐 세대의 기혼 여성들은 남편보다 평균 15~

20년 더 오래 살 것으로 예상된다.

- 빈곤층 고령자 가운데 4명 중 3명이 여성이다.(출처: 모닝스타 펀드투자 Morningstar Fund Investor)
- 여성의 약 70퍼센트는 향후 어느 시점에서든 빈곤을 겪을 것이다.

이러한 통계자료가 말해 주는 것은 무엇일까? 재정 교육이 부족하거나 자신의 재정을 책임질 준비가 되지 않은 여성이 특히 노년으로 갈수록 점점 더 많아질 것이다. 여성들은 가족을 돌보는 데 평생을 바쳤지만, 정작 자신의 재정적 삶을 돌보는 중요한 능력은 전혀 키우지 못한 경우가 많다.

2) 의존성을 거부한다

이혼을 예상하며 결혼하는 사람은 없다. 마찬가지로 해고당할 것을 예상하며 직장에 들어가는 사람도 없다. 그러나 그런 일은 일어나기 마련이며, 요즈음은 과거보다 훨씬 더 자주 일어난다.

남편이나 직장의 고용주, 혹은 누구든 다른 사람에게 자신의 재정적 미래를 의존하고 있는 여성이라면 다시 생각해 봐야 한다. 언제까지 그들에게 의지할 수는 없는 법이다. 우리는 정신이 번쩍 드는 사건이나 위기에 닥치기 전까지는 자신이 얼마나 의존적인 삶을 살고 있는지 깨닫지 못하는 경우가 너무 많다.

3) 유리 천장이 없다

2008년 이후 기업의 피고용인들이 맞닥뜨리고 있는 온갖 시련에 더해, 여성들은 거대한 장애물을 하나 더 만나야 한다. 바로 '유리 천장'이다. 그렇다. 요즈음도 유리 천장은 존재한다. 우리는 여성이라는 이유만으로 승진 사다리에서 특정 높이 이상을 오르지 못한다. 하물며 기업 세계의 취업에 재도전하는 50세 이상의 여성이라면? 들어봤자 가슴 아픈 대답만 나올 뿐이다.

네트워크 마케팅 세계에서는 여성의 발전을 제한하는 유리 천장이란 터무니없는 개념이다. 네트워크 마케팅 회사는 당신이 여자든, 남자든, 흑인이든, 백인이든, 대졸자든 고교 중퇴자든 상관하지 않는다. 그들이 관심을 갖는 것은 오로지 당신이 얼마나 부지런히, 효과적으로 네트워크를 구축하는가 하는 점이다. 그리고 앞서 밝혔듯이, 남성의 4배에 달하는 여성들이 바로 그런 활동을 펼치고 있다.

중요한 것은 당신의 기술과 교육, 그리고 경험이다. 네트워크 마케팅 세계에는 여성에게 적용되는 어떤 한계도, 어떤 종류의 천장도 존재하지 않는다.

4) 수입에 한계가 없다

취업 시장에 여전히 존재하는 남녀 간 임금 불평등과 유리 천장 때문에 여성은 창출할 수 있는 소득 규모에 제한을 받는 경우가 많다. 연구에 따르면 동일한 학력과 경력을 지닌 남녀 근로자를 비교했을 때 남성의 소득은 1달러인 반면 여성의 소득은 약 74센트에 그친다.

그러나 네트워크 마케팅은 확장 가능성을 특징으로 하는 사업이다. 네트워크 마케팅 세계에서는 성별에 상관없이 네트워크 구축을 통해 수입의 규모를 무한히 확장할 수 있다.

5) 자존감이 높아진다

나는 이것이 네트워크 마케팅 사업이 제공하는 최대의 혜택이자 보상 가운데 하나이며, 여성들이 이 사업에 참여하는 매우 강력한 유인이라고 생각한다. 여성의 자존감이 자신을 부양하는 경제적 능력과 직결되는 것은 당연하다. 당신의 재정적 삶을 다른 누군가에게 의존하면 자존감이 저하될 수 있다. 돈만 넉넉했다면 하지 않았을 일을 하고 있는 자신을 발견하는 것은 결코 유쾌하지 않다.

나는 재정적 독립과 동시에 자존감이 급상승하는 여성들을 자주 목격했다. 여성의 자존감이 높아지면 대개 주변 사람들과의 관계 역시 향상된다. 더 높은 자존감은 더 큰 성공을 낳고, 마침내 세상에서 가장 위대한 선물, 즉 자유를 가져다준다.

6) 시간의 주인이 된다

진정한 부를 구축하기 위해 에너지를 쏟는 문제와 관련해, 대개 남성보다 여성에게 훨씬 더 크게 작용하는 주요 장애물은 다름 아닌 '시간'이다. 특히 자녀를 돌보는 데 많은 시간을 들여야 하는 엄마들은 더욱 그렇다. 많은 여성이 이렇게 토로한다. "일터에서 돌아오면 저녁 식사 준비해야죠, 아이들 숙제 봐 줘야죠, 또 설거지해야죠…… 다들 잠자리에 들고 저 혼자만의 자유 시간을 가질 때쯤이면 파김치가 되어 있다니까요!"

네트워크 마케터가 되면 당신은 시간의 주인이 될 수 있다. 이것은 부업으로도, 전업으로도 할 수 있는 사업이다. 집에서, 전화와 컴퓨터를 이용하여, 저녁 시간과 주말에, 언제 어디서든 할 수 있다. 당신이 여행을 떠날 때도 함께 할 수 있고, 주머니에 넣어서 가지고 다닐 수도 있고, 30분마다 참여할 수도 있는 일이다. 당신의 일과와 환경에 따라서 말이다.

부의 구축은 필수 활동이다

이 여섯 가지 이유는 여성이 자신만의 부를 구축하는 법을 배워야 할 강력한 필요성을 뒷받침한다. 통계자료를 보면 우리는 시대가 얼마나 변했는지를, 그리고 현실적인 재정 교육이 더 이상 사치가 아니라 필수 사항임을 알 수 있다. 재정적 미래를 타인에게 의존하는 것은 주사위를 굴리는 것과 같다. 보상을 얻을 수도 있지만, 리스크가 대단히 높다.

유리 천장과 수입의 한계는 수많은 여성이 오랫동안 직면해 온 문제다. 네트워크 마케팅 세계에는 그 문제들이 없다. 게다가 무엇보다 커다란 선물 두 가지, 즉 높은 자존감과 시간 관리의 자율성이 주어진다.

그런데 지금까지 언급한 이 모든 요인 가운데 당신이 가장 큰 매력을 느낄 부분이 무엇인지 나로서는 알 길이 없다. 당신은 '평균적인 여성'이 아니라 그저 '당신'일 뿐이니까 말이다. 따라서 네트워크 마케팅 사업에 참여하려는 가장 결정적인 이유는 당신만이 결정할 수 있다.

부를 창출하라. 그리고 그 과정을 즐겨라

당신만의 결정적인 이유가 무엇이든, 네트워크 마케팅 사업을 시작할 때 잊지 말아야 할 것이 하나 더 있다. 바로 '즐겨야 한다'는 점이다.

한 달에 100달러, 1,000달러, 심지어 1만 달러의 추가 소득을 올릴 수 있다는 것, 타인에 대한 재정적 의존에서 벗어나고 시간을 자율적으로 관리할 수 있다는 것은 생각만 해도 근사하다. 하지만 만일 그 과정이 즐겁지 않다면, 기업 세계에 속한 수많은 사람들과 똑같은 굴레에 갇히고 마는 셈이다. 쉽게 말해 당신이 하는 일을 열정적으로 즐겨야 한다. 열정이 줄어드는 만큼 당신의 은행 잔고도 줄어들 것이다.

그렇기 때문에 나는 '파티 플랜' 비즈니스(집에서 여는 파티를 통해 진행되는 네트워크 마케팅 사업 방식)가 자신의 사업을 시작하려는 여성들에게 이상적이라고 생각한다. 파티 플랜 비즈니스는 집이라는 편안한 공간에서 가족 및 친구들과 시간을 보내며 사회적 네트워크를 구축할 수 있는 완벽한 기회를 제공한다. 이런 네트워크를 통해 당신은 부를 구축하는 활동을 하는 동시에 즐거움도 누릴 수 있다.

흥미로운 사실은 경제가 불안하게 요동치는 시기에도 파티 플랜 비즈니스 부문이 꾸준히 수익을 올렸다는 점이다. 사실 이것은 네트워크 마케팅 산업에 주목해야 하는 이유 중 하나이기도 하다. 연간 전 세계 매출이 1억 달러 이상인 직접판매 기업 64곳에는, 포르베르크(Vorwerk), 메리 케이(Mary Kay), 타파웨어(Tupperware), 센트시(Scentsy), 파티라이트(Partylite), 스탬핑업(Stampin' Up), 주얼스 바이 파크레인(Jewels by Park Lane), 롱거버거 컴퍼니(Longaberger Company), 서던 리빙 앳 홈(Southern Living at Home) 등이 포함된다.

2009년 9월 《직접판매 뉴스》의 보도에 따르면, 식품 분야의 파티 플랜 기업인 테이스트풀리 심플(Tastefully Simple)은 2008년에 경기침체에도 불구하고 5퍼센트의 매출 상승을 기록했다. 또 다른 기업 팸퍼드 셰프(Pampered Chef, 2002년에 억만장자 워런 버핏이 인수함)는 같은 기간에 고용 규모가 5퍼센트 증가했다.

이것이 시사하는 바는 무엇일까? 파티 플랜을 활용하는 직접판매 기업들은 자신의 재정 미래를 주도적으로 일궈 나가고자 하는 여성들에게 리스크가 낮고 높은 보상이 돌아오는 기회를 제공한다. 가사를 돌보는 동시에 사업가의 대열에 동참하고자 하는 주부, 추가 소득을 올리고 싶은 직장 여성, 용돈을 벌고 싶은 대학생 등 부를 창출하고 그 과정의 즐거움을 만끽할 기회를 찾는 모든 여성에게 나는 이 사업 방식을 적극 추천한다.

진짜 중요한 것

나와 처음 데이트를 하던 날, 로버트는 나에게 살면서 이루고 싶은 꿈이 무엇인지 물었다. 나는 언젠가 내 사업을 일구고 싶다고 대답했다. 그러자 그가 말했다. "그거라면 내가 도와줄 수 있어." 그리고 나서 한 달이 채 지나지 않아 우리는 함께 사업을 시작했다.

하지만 그것이 전부가 아니었다. 로버트는 더 커다란 무언가에 대해 자주 이야기했다. 즉 영성에 대해 이야기했고 내 인생의 목적을 물어보기 시작했다. 당시는 1980년대였고, 일에 중독된 많은 사람들이 자신이 '워커홀릭'이라는 사실을 자랑스러워하던 시절이었다. 1990년대에 접어들자 사람들은 자기 인생을 더 자세히 들여다보며 진지한 질문을 던지기 시작했다. 그러나 본격적인 자성의 목소리가 높아지기 시작한 것은 9·11 테러 이후였다. "후유, 잠깐만. 어째서 나는 쳇바퀴 위의 햄스터처럼 달리고만 있는 거지? 나는 인생을 어떻게 보내고 있는 거지? 내 삶은 어디로 흘러가고 있는 걸까?"

여성들은 항상 너무 바빠서 재택 부업을 하기가 어렵다고 말한다. 그러면 나는 이렇게 말해 준다. "성공적인 사업을 위한 열쇠를 알려 드리죠. 당신의 삶을 들여다보세요. 정말로 진지하게 들여다보고 이렇게 자문하세요. '정말 중요해서 내 삶에서 반드시 성취해야만 하는 것은 과연 무엇인가?'"

시간과 노력을 쏟아 수익을 창출하는 사업을 만들고 그 수익을 활용해 여생을 의지할 만한 부를 구축하기로 결심하게 만들 만큼 당신에게 중요한 것(목표든 원칙이든 대상이든)은 무엇인가? 그것이 무엇인지 명확히 알지 못하면, 거기에 이르거나 그것을 지키는 일 역시 불가능하다.

자유의 기준은 저마다 다르다. 성공의 기준 역시 사람마다 다르다. 그것은 다분히 개인적인 것이며, '그래야만' 한다. 숫자는 추상적인 개념이다. 5,000달러든 100만 달러든, 당신이 의미를 부여하지 않는 한 그 금액 자체는 사실상 아무것도 아니다.

신혼 시절에 로버트와 나는 열정을 다해 우리 자신을 위한 사업에 에너지를 쏟았다. 다른 사람들의 지시에 따르는 삶을 거부했고, 우리의 재정적 운명을 책임지기 위해 노력했다. 우리에게는 그것이 몹시 중요했기에 그 목표를 이루기 위해서라면 어떤 어려움도 기꺼이 견뎌 냈다.

그것은 시간이 필요한 일이었다. 실제로 약 10년이 걸렸다.

소득이 전혀 없는 처지 때문에 커다란 스트레스를 받기도 했다. 친구들은 우리에게 정신이 나갔다고 말하며 정기적인 급여가 나오는 일자리를 구하라고 조언했다. 그러나 그것은 결코 우리가 원하는 삶이 아니었다.

마침내 우리 부부는 실행에 옮기기로 결심했다. 로버트는 강연을 시작했다. 나는 의류 사업을 하는 친구를 찾아가 그녀의 제품을 판매하는 일을 맡겨 달라고 제안했다. 그리고 미용실을 방문해 미니 부티크를 입점시켰다. 나는 정기적 월급이나 보장된 성과도 없이 판매 수수료만 받았다. 실은 그 수수료마저 보잘것없는 수준이었다. 하지만 나는 세상에 뛰어들어 무언가를 실행하고 있었다.

나는 그것이야말로 기업가 정신의 핵심이라는 것을 깨달았다. 당신은 '세상에 뛰어들어 실행에 옮겨야' 한다. 그러기 위해서는 자신에게 진정 중요한 것이 무엇인지 발견하고, 그것을 얻는 유일한 방법은 직접 창조하는 것임을 깨달아야 한다.

3부

당신의 미래는
지금 시작된다

네트워크 마케팅 사업의
성공적인 출발에 필요한 것

chapter 18

현명하게 선택하라

자, 드디어 당신은 네트워크 마케팅 사업을 시작하기로 결정했다. 축하한다! 이제 선택을 할 시간이다. 네트워크 마케팅 회사는 수천 개에 달한다. 당신은 그중에 어느 곳에 합류할 것인가? 그리고 어떤 기준으로 선택을 내릴 것인가?

네트워크 마케팅을 처음 시작하는 사람은 별다른 고민 없이 제일 처음 만난 회사에 등록하는 경우가 많다. 물론 처음 알게 된 회사가 훌륭한 기업일 수도 있다. 하지만 반드시 충분한 사전 정보와 확인 작업을 거쳐 신중하게 선택하는 것이 좋다. 당신의 미래가 달려 있으니까 말이다.

그렇다면 어떻게 선택할 것인가? 어떤 기준으로 결정을 내려야 할까?

"우리 회사는 최고의 보상 체계를 갖고 있습니다. 우리 회사에 오면 큰돈을 벌 수 있습니다!"

여러 네트워크 마케팅 회사를 조사할 당시 나는 이런 말을 자주 들었다. 자사의 사업 기회를 열정적으로 설명하는 사람들은 해당 사업을 통해 한 달에 수십만 달러의 수입을 올리는 사람의 사례를 들려주곤 했다. 나는 그런 사람들을 실제로 만나 보았기 때문에 그 사업이 가진 어마어마한 수익 잠재력을 믿어 의심치 않는다.

하지만 나는 네트워크 마케팅 사업을 바라보는 우선적인 기준이 돈이 되어서는 안 된다고 조언하고 싶다.

"우리는 최고 품질을 자랑하는 제품을 보유하고 있습니다. 많은 사람의 삶을 바꿔 놓은 제품이지요!"

이 또한 자주 들었던 안내다. 그들이 가입을 권유하는 1순위가 돈이라면, 2순위는 훌륭한 제품이었다. 이 역시 수긍이 가는 내용이다. 나는 터무니없는 과장과 노골적인 과대광고도 여러 번 목격했지만, 실제로 뛰어난 제품도 많이 발견했으며 그중 일부는 지금도 꾸준히 사용하고 있다. 사실 고품질의 제품은 네트워크 마케팅 사업의 특징인 경우가 많다.

그러나 제품 역시 가장 중요한 혜택은 아니다.

다시 한 번 강조하겠다.

네트워크 마케팅 회사를 선택할 때 제품을 가장 중요한 고려사항으로 삼아서는 안 된다.

이것을 강조하는 이유는 대부분 사람들이 제품을 가장 중요하게 여기기 때문이다. 하지만 그렇지 않다. 명심하라. 당신은 세일즈맨이 되려는 것이 아니다. 당신 자신의 사업을 펼치려는 것이며, 그 사업은 '네트워크 구축'을 핵심으로 한다. 그러므로 여러 기업을 살펴볼 때 무엇보다 먼저 떠올려야 하는 질문은 이것이다. "이 회사는 내가 네트워크 구축 전문가가 되는 데 도움이 될 것인가?"

내가 네트워크 마케팅을 추천하는 가장 큰 이유는 네트워크 마케팅 회사가 제공하는 실생활 비즈니스 교육과 자기 계발 시스템 때문이다.

네트워크 마케팅 시스템은 누구나 부를 공유할 수 있게 돕기 위한 구조로 이루어져 있다. 이 사업 시스템은 추진력과 결단력, 인내심을 가진 모든 이들에게 열려 있다. 이 시스템은 당신의 집안이나 학벌, 현재의 소득 수준, 인종, 성별, 외모, 인기, 심지어 지능에도 전혀 관심이 없다.

대부분의 네트워크 마케팅 회사가 가장 중요하게 생각하는 것은 당신에게 배우고 변화하고 성장하려는 의지가 얼마나 있는가, 사업 소유주가 되기 위한 훈련 과정에서 시종일관 그 의지를 유지할 용기를 지녔는가 하는 점이다.

그렇다면 세상 모든 네트워크 마케팅 회사들이 다 그럴까? 그렇지 않다. 여느 분야와 마찬가지로 이 세계에도 좋은 기업과 나쁜 기업,

고약한 기업, 그리고 실로 훌륭한 기업이 존재한다.

모든 네트워크 마케팅 회사가 실제로 교육을 지원하는 것은 아니다. 그저 제품 판매에만 열을 올리는 회사도 있다. 그들은 당신이 회사를 위해 물건을 팔기만 바라고 정작 교육에는 신경 쓰지 않는다. 그들은 그저 당신이 친구와 가족을 끌어와 회원 수를 늘리길 바랄 뿐이다. 만약 그런 회사를 만난다면 경계하기 바란다. 그런 기업은 당신의 발전에 전혀 도움이 안 될뿐더러 결국 오래가지도 못할 확률이 높다.

한편 훌륭한 회사라면 당신을 위한 비즈니스 교육에 전념한다. 그들은 장기적인 시각을 갖고 당신의 기술과 능력을 개발하는 일을 중요시한다. 만약 이런 기업을 발견한다면, 그러니까 당신을 교육하고 당신이 훌륭한 사업가가 되도록 돕는 리더들이 있는 기업이라면, 그곳은 합류해도 좋은 회사다.

보상 체계? 물론 중요하다. 제품의 품질? 그것도 물론 중요하다. 그러나 내가 그보다 훨씬 중요하게 살펴보는 부분은 회사가 당신을 진정한 B 사분면 인간으로, 즉 진정한 부를 구축하는 사업가로 성장시키기 위해 얼마나 헌신하느냐 하는 점이다. 그것이 바로 당신이 합류하려는 네트워크 마케팅 회사에서 가장 중요한 측면이다. 그곳은 실로 당신의 비즈니스 스쿨이기 때문이다.

시간을 투자해 회사의 보상 체계와 제품을 훑어본 다음에는 조직의 핵심을 유심히 들여다보라. 그 회사는 당신을 교육하고 훈련하는 일에 진심으로 관심을 갖는가? 그것을 알려면, 그저 30분짜리 세일즈 피치를 듣거나, 화려한 웹사이트를 둘러보거나, 그곳 네트워크 마케터들이 올리는 수입에 대한 설명을 듣는 것보다 더 많은 시간을 들여야 한다. 회사의 교육 시스템이 얼마나 훌륭한지 파악하기 위해서는 그 회사의 교육 세미나, 관련 행사 등에 직접 참석해 봐야 한다.

> 처음 참석한 사업 설명회에서 들은 내용이 마음에 든다면, 시간을 내서 교육 및 훈련을 담당하는 사람을 직접 만나 보라.

처음 참석한 사업 설명회에서 들은 내용이 마음에 든다면, 시간을 내서 교육 및 훈련을 담당하는 사람을 직접 만나 보라.

그리고 신중하게 살펴보라. 많은 네트워크 마케팅 회사가 훌륭한 교육 프로그램을 갖고 있다고 홍보하지만, 모두 그렇지는 않다. 내가 조사한 일부 회사의 경우, 교육 프로그램이라고는 고작 권장도서 목록뿐이었고 동료와 가족을 사업에 끌어들이는 훈련에만 초점을 맞추고 있었다.

그러므로 시간을 들여 세심하게 살펴봐야 한다. 훌륭한 교육과 훈련 프로그램을 보유한 네트워크 마케팅 회사가 상당히 많기 때문이다. 내가 목격한 가장 훌륭한 실생활 비즈니스 교육을 제공하는 회사들도 있었다.

네트워크 마케팅 회사를 선택할 때 생각해 볼 질문 몇 가지는 다음과 같다.

- 리더가 누구인가?

- 효과가 입증된 실행 계획을 제공하는가?

- 회사의 교육 훈련 프로그램이 비즈니스 기술과 자기 계발을 기본적으로 포함하는가?

- 당신의 열정을 쏟을 만한, 강력하고 품질 좋으며 시장성 높은 제품군을 보유하고 있는가?

리더가 누구인가?

E나 S 사분면의 시각으로 새로운 사업에 접근하는 미숙한 사람들은 종종 제품이나 보상 체계, 판촉 활동만 보고 기업의 역량을 판단한다. 하지만 나는 그 모든 것을 건너뛰고 곧장 '우두머리', 즉 기업을 이끄는 인물을 살펴본다.

제품과 보상 체계 등이 중요하지 않다는 의미가 아니다. 하지만 세상에 흠 없이 완벽한 회사는 없다. 문제는 언제든 발생하기 마련이다. 만약 적절하고 훌륭한 인물이 기업이라는 배를 운전하고 있다면 배에 문제가 발생해도 얼마든지 바로잡을 수 있다. 사실 뛰어난 리더가 회사를 이끌고 있다면 '해결할 수 없는' 문제는 없다. 그러나 부적합한 사람이 조종키를 잡고 있는 상황에서 문제가 발생하면, 배가 엉뚱한 방향으로 흘러도 어찌 할 방법이 없다.

표지만 보고 책의 내용을 판단해서는 안 된다. 마찬가지로 당신은 기업이 제공하는 홍보 비디오나 웹사이트의 이면을 꿰뚫어 보아야 한다. 기업의 리더를 살펴보라. 리더의 배경과 경험, 업적, 성격 특성이 어떠한가? 당신이 리더를 개인적으로 알게 되거나 업무상 직접 부딪치게 되느냐 여부와 상관없이, 결국 그들은 당신과 비즈니스를 함께할 파트너다.

존 이쯤에서 제가 언급하고 싶은 것은 사업 초기부터 열정적으로 참여하는 것이 성공에 유리하다는 통념입니다. '큰돈'을 벌기 위해서는 '기업 창립 시점부터 참여해야 한다.'고들 하지요. 하지만 이는 사실이 아닙니다.

로버트 사실이 아닐 뿐만 아니라 완전히 바보 같은 소리지요! 대다수의 신규 사업체는 창업 1~2년 안에 실패로 끝나고, 네트워크 마케팅 회사들도 예외가 아닙니다. 아직 이렇다 할 실적도 없는 회사에 노력과 시간과 에너지를 몽땅 투자하는 리스크를 감수할 필요가 어디 있습니까?

존 견실하고 발전 가능성이 높은 훌륭한 네트워크 마케팅 회사들 중에는 3년 밖에 안 된 곳도 있고, 30년째 사업을 이어 가는 곳도 있습니다. 창업 초창기의 패기 넘치는 조직에 주요 일원으로서 참여한다는 것은 분명 흥분되고 의욕을 자극하는 일이긴 합니다. 하지만 수십 년간 사업을 지속하고 있는 기업에 합류하면 나름의 많은 파워와 신뢰를 느낄 수 있다는 점도 기억할 필요가 있습니다.

문을 연 지 얼마 안 되는 회사에 뛰어들 때는 신중하게 판단해야 합니다. 하지만 물론 예외는 있습니다. 이제 막 창업한 신생 기업임에도 상당한 역량을 갖춰서 합류를 진지하게 고려할 가치가 있는 경우도 있으니까요.

여기서 핵심은 신중하고 면밀하게 살펴보라는 것이다. 당신이 주목한 회사가 어떤 회사인지 파악하고, 당신과 비즈니스를 함께할 사람이 누구인지 살펴보라.

부자가 되는 비결은 신생 회사에 합류하는 것이라고, 또는 5년 아니면 35년 된 회사에 합류하는 것이라고 하는 세간의 조언에 휘둘리지 마라. '비결' 같은 건 없다. 마법의 공식 따위도 없다. 당신이 찾아야 할 것은 자신의 방향을 정확히 아는 기업, 장기적으로 변함없이 사업을 전개해 나갈 것이라는 분명한 징후를 보여 주는 기업이다.

효과가 입증된 실행 계획을 제공하는가?

존 최고의 수익성과 발전 가능성을 지닌 네트워크 마케팅 회사는 당신이 쓸데없이 시간을 낭비하는 것을 원치 않습니다. 그 대신 당신이 원하는 성공을 거둘 수 있게 도와주는 실행 계획을 제공합니다. 예를 들면 일일 또는 주간 단위의 추천 활동 목록을 담은 교육 가이드를 제공하지요.

일부 회사에서는 네트워크 마케터들에게 개인 맞춤형 웹사이트를 제공하여, 잠재 사업자들을 교육하거나 제품 및 사업 기회를 안내하는 데 도움을 줍니다. CD와 DVD, 팟캐스트, 인쇄물 등 최고 수준의 사업 설명 도구들은 네트워크 마케터라면 기본적으로 갖추고 있어야 할 필수사항이 되었습니다.

회사의 교육 훈련 프로그램이 비즈니스 기술과 자기 계발을 기본적으로 포함하는가?

나는 네트워크 마케팅 시스템이 제공하는 가장 중요한 가치가 교육 및 훈련이며 이것이 수입보다 훨씬 중요하다고 거듭 강조했다. 그러므로 반드시 이 점을 확인하라.

네트워크 마케팅 회사가 비즈니스 기술, 인성 개발, 개인적 성장과 관련한 정기적 교육을 중요시하는지 반드시 확인해야 한다. 수십 년 동안 이 업계의 리더들은 사람들에게 훌륭한 영적, 교육적 정보를 꾸준히 제공하는 것이 결국 회사에도 이롭다는 사실을 알고 있었다. 과거에는 그 과정이 주로 책과 오디오테이프를 통해 이루어졌다. 21세기인 지금은 그 대신 CD, DVD, 팟캐스트, 실시간 화상회의, 온라인 회의 등을 활용한다. 물론 책도 여전히 활용한다. 책은 영원히 유행을 타지 않는 매개체다!

존 그리고 현장 행사도 있습니다. 요즘 같은 인터넷 시대에도 실제로 눈앞에서 진행되는 행사는 강력한 힘을 발휘합니다. 어떤 매체로도 대체할 수 없는 매력이 있지요.

요즘은 네트워크 구축을 위한 활동이 직접 대면뿐만 아니라 전화와 인터넷을 통해서도 많이 이뤄집니다. 하지만 훌륭한 회사일수록 연간, 반기별, 분기별, 월간 행사의 개최를 중요하게 여기는 경향이 있습니다. 왜일까요? 교육과 훈련, 자기 계발이라는 가치 때문입니다.

한편 당신에게 제공되는 훈련과 교육에 관여하는 주체는 네트워크 마케팅 회사 그 자체만이 아닙니다. 당신은 수많은 사람으로 이루어진 계층 전체와 연계됩니다. 당신에게 이 사업을 직접 소개하고 당신을 등록시킨 사람(대개 '스폰서'라고 합니다), 또 그 사람을 등록시킨 스폰서, 스폰서십 그물의 상위 회원(upline)들, 또 기업의 상부 경영진에 이르기까지, 이 모든 사람들이 당신이 성장하고 배우고 성공하기를 원합니다. 그것이 그들에게도 이롭기 때문이지요.

네트워크 마케팅 시스템의 매력 가운데 하나는 서로 먹고 먹히는 싸움이 일어나는 일반적인 기업 환경과 정반대의 상황을 추구한다는 점이다. 전통적인 기업에서는 가장 절친한 동료마저도 승진 사다리의 높은 곳으로 올라가고자 당신의 어깨를 밟고 올라서곤 한다.

네트워크 마케팅에서는 그런 살벌한 경쟁이 없다. 당신의 스폰서와 상위 회원들의 성공이 바로 당신의 성공에 달려 있기 때문이다. 당신의 발전을 통해 이로움을 얻는 사람들이 당신의 성공을 바라는 것은 당연하지 않겠는가!

강력하고 품질 좋으며 시장성 높은 제품군을 보유하고 있는가?

회사의 제품은 최우선 사항은 아닐지라도 상당히 중요하다. 왜일까? 바로 '입소문' 때문이다.

네트워크 마케팅 회사들은 일반적으로 매스미디어 광고를 많이 하지 않는다. 이들 회사의 제품은 옥외 광고판이나 TV 광고에서 별로 접할 수 없다. 이유가 무엇일까? 그들은 완전히 다른 홍보 방식을 이용하기 때문이다. 값비싼 매스미디어 광고에 비용을 쓰는 대신 그들은 당신 같은 사람들에게 그 금액을 투자한다.

> **존** 네트워크를 성장시키는 활력소는 입소문입니다. 자신이 이용하는 제품이나 서비스, 자신이 속한 기업이 제공하는 사업 기회에 대해 남들에게 들려주는 개인의 힘이 중요합니다.
> 그렇기 때문에 네트워크 마케팅 모델에서는 사람들 스스로 큰 흥미를 느끼거나 멋진 스토리를 갖고 있다고 여기는 것, 호기심을 불러일으키는 요소나 독특한 배경을 지닌 것, 사용자에게 유달리 강력한 혜택을 제공하는 것, 고유한 스토리를 전달해 주는 것, 그런 제품이나 서비스가 대개 성공을 거둡니다.

한마디로 '입소문'을 탈 만해야 한다.

여기서 잠깐. 내 말을 오해하지 말기 바란다. 과대광고를 말하는 것이 아니다. 진정한 품질과 특성에 대해 얘기하는 것이다. 당신이 판매하는 제품은 실속 있는 진짜여야 한다.

한편 이 점도 기억하라. 세상에는 '최고의' 제품이 단 하나만 있는 것이 아니다. 품질 높은 제품과 서비스는 수없이 존재한다. 어떻게 보면 좋은 제품을 선택하는 일은 대단히 주관적인 활동이다. 사람에 따라 특히 큰 관심을 갖는 제품은 화장품이나 영양제, 또는 기술 제품이 될 수도 있다.

제품을 판매할 탄탄한 시장이 존재하는가? 많은 사람의 마음을 끌어당길 만한 제품인가? 가격 경쟁력을 갖추고 있는가?

당신은 그 제품의 가치를 믿고, 개인적으로 기꺼이 사용할 의향이 있는가? 흥미로운 스토리를 담고 있는 제품인가? 해당 제품에 당신 자신이 열정적으로 빠져들어야 다른 사람들도 그 제품에 흥미를 느낄 가능성이 높아진다.

chapter 19

성공적인
사업 구축을 위해
필요한 것

성공적인 네트워크 마케팅 사업을 구축하기 위해 필요한 것은 무엇일까? 먼저 '필요 없는' 것부터 살펴보자.

MBA나 화려한 비즈니스 경력은 필요 없다

'복제'라는 말을 기억하라. 네트워크 구축에서 가장 큰 효과를 발휘하는 전략은 가장 복제하기 쉬운 전략이다. 네트워크 마케팅이 B타입 사업 모델과 관련해 추구하는 것은 헨리 포드가 자동차 산업에서 이룬 업적과 동일하다. 즉 구성 요소들을 대량생산할 수 있는 시스템을 만드는 것이다.

| 존 성공적인 네트워크 마케팅 사업은 빼어난 손재주를 가진 한 사람이 만든

수공예품 같은 것이 아닙니다. 그것은 수많은 사람들이 함께 만드는, 단순함의 교향곡입니다.

뛰어난 판매 능력이 필요 없다

네트워크 마케팅을 경험해 보지 않은 많은 사람이 이 사업에서 성공하려면 '타고난 세일즈 능력'을 갖춰야 한다고 생각한다. 하지만 거듭 강조하건대 이는 커다란 오해다.

실상은 전혀 그렇지 않다. 사실 그런 믿음을 가진 사람은 네트워크 마케팅에서 성공하기 힘들다. 어째서일까? '뛰어난 세일즈맨'은 자기 자신을 복제할 수 없기 때문이다.

존 명심하십시오. 이것은 근본적으로 판매 중심의 비즈니스가 아니라 교육, 팀 구축, 리더십이 핵심인 비즈니스입니다. 당신의 임무는 제품을 많이 파는 것도, 제품을 많이 파는 법을 많은 사람에게 가르치는 것도 아닙니다. 당신은 사람들을 지도하고, 교육하고, 그들과 관계를 쌓아야 합니다. 네트워크를 구축하려면 그것이 무엇보다 중요합니다.

로버트 핵심은 '매출을 올리는 것'이 아니라 '네트워크를 구축하는 것'이라는 얘기군요.

존 바로 그겁니다.

원래 직장을 그만둘 필요가 없다

사실 원래 다니던 직장을 '그만두지 않고' 네트워크 마케팅을 시작하는 것이 바람직하다. 새로운 직장 일을 시작하면 출근하는 순간부터 급여가 계산되기 시작하지만, 자신만의 사업을 구축하는 일은 그것과 다르다. 네트워크를 만드는 데에는 시간이 필요하다. 이 점을 명심하라.

> **존** 재정적인 이유 때문만은 아닙니다. 현재의 직장을 그만두어도 생활비 걱정 없이 지낼 수 있다 할지라도, 직장을 유지할 필요성은 있습니다. 많은 신입 네트워크 마케터들이 이 사업을 시작하면서 깨닫는 사실이 하나 있습니다. 직장 동료들이 미래의 파트너가 되거나, 다른 사람들에게 이 사업을 추천하는 통로가 될 수 있다는 사실이지요.

네트워크 마케터들의 대다수가 파트타임으로 이 사업을 한다. 직접판매협회가 실시한 2008년 전국 판매인력 설문조사(National Salesforce Survey)에 따르면 네트워크 마케팅에 주 20시간 이상을 투자하는 네트워크 마케터는 8명 중 불과 1명꼴이었다.

거액의 사업 자금도, 2차 주택 담보대출도 필요 없다

네트워크 마케팅 사업에 필요한 실제적인 창업 자금은 대부분 500 달러 미만이다. 하지만 잊지 마라. 현금은 적게 들지라도 그 대신 당신의 노력과 열정을 채워 넣어야 한다. 대부분의 자기 소유 사업에서 주요 투자 원천은 바로 사업자 자신이다. 즉 사업자의 시간과 집중력과 인내가 필요하다. 네트워크 마케팅에서도 이 점은 마찬가지이나 엄청난 창업 자금은 필요 없다.

> 존 하지만 현금 투자가 적다고 해서 전혀 필요 없다는 얘기는 아닙니다. 어쨌든 이것도 분명 '사업'이고, 여기에도 사업적 요소가 동반됩니다. 이는 곧 매달 운영 비용이 발생한다는 의미입니다.
>
> 일반적으로 한 달에 들어가는 운영 비용은 그리 많지 않습니다. 견본 제품 공급 비용, 사람들과의 연락 및 사업 설명 도구(CD, DVD, 웹사이트 등)에 드는 비용, 지속적인 비즈니스 기술 개발 및 자기 계발에 필요한 자료의 비용 정도지요. 다시 말해 사업을 시작하는 데 큰돈은 필요 없습니다만 약간의 월간 경비 예산은 필요합니다.

천재적인 협상 능력이나 숫자 감각도 필요 없다

그 대신 당신이 반드시 갖춰야 할 것은 강한 열정을 토대로 한 의욕과 굳은 의지다.

내 친구 도널드 트럼프는 이렇게 말한다. "자신이 하는 일을 사랑해야 합니다. 열정 없이는 위대한 성공을 이룰 수 없습니다. 사업가가 자기 일에 열정을 쏟지 않으면 시련과 실패를 맛보게 됩니다."

지금까지 성공적인 네트워크 마케팅 사업에 '필요하지 않은' 몇 가지를 살펴보았다. 그렇다면 반드시 '필요한' 요소는 무엇일까?

자기 자신을 솔직하게 진단하는 태도

B 사분면의 사업을 구축하는 것은 쉬운 일이 아니다. 당신은 스스로 이런 질문을 던져 봐야 한다. "나는 이 사업을 시작하는 데 필요한 것들을 갖추고 있는가? 안전지대를 기꺼이 벗어나 노력할 의지가 있는가? 조언과 지도에 적극적으로 따르고, 남들을 이끄는 법을 배울 의향이 있는가? 내 안에는 부자가 존재하며 그 부자는 세상으로 나올 준비가 되어 있는가?" 당신의 대답이 "그렇다."라면, 이제 훌륭한 교육 프로그램을 제공하는 네트워크 마케팅 회사를 찾아볼 차례다.

존 한 가지 더 있습니다. 당신의 현재 모습과 위치를, 인생에서 무엇을 성취하고 싶은지를 분명히 인식해야 합니다. 삶에서 이루고 싶은 일에 대한 비전을 갖는 것은 대단히 중요합니다.

그리고 당신이 기대하는 바를 명확히 해야 합니다. 그것을 이루기 위해 무엇이 필요한지 알아야 합니다. 매주 투자해야 하는 시간, 비용, 기술, 자원 등등 말입니다. 이 사업에서 성공하려면 어떻게 행동해야 할지 곰곰이 생각해 보십시오. 또 현실적인 시간 관점을 가져야 한다는 점도 기억해야 합니다.

나의 친구 도널드 트럼프는 이렇게 말했다.

"네트워크 마케팅에는 기업가 정신이 필요하며 이는 곧 집중력과 끈기 있는 노력을 의미한다. 나는 강력한 동기로 의욕이 넘치지 않는 사람에게는 네트워크 마케팅을 추천하지 않는다."

백번 옳은 말이다.

올바른 태도

나에게 사업가가 되는 일은 현재진행형이며 나는 지금도 진정한 사업가가 되는 과정에 있다. 죽을 때까지 학습과 수련 중인 사업가로 살아갈 것이다. 나는 사업과, 이에 관련한 문제를 해결해 나가는 것을 즐기고 사랑한다. 그것이야말로 내가 원하는 삶을 일궈 가는 과정이다. 따라서 지금까지 때로는 힘든 순간도 있었지만 그 시간들은 충분히 견딜 가치가 있었다.

지금껏 나를 지탱해 준 한 가지 소신이 있었다. 그것은 가장 어두운 시기에도 밝은 빛과 힘을 내게 주곤 했다. 지갑 사업을 하던 당시에 나는 포춘 쿠키에서 나온 쪽지를 사무실 전화기에 붙여 놓았다. 거기에는 이렇게 쓰여 있었다.

당신은 언제든지 포기할 수 있습니다. 그런데 왜 지금 포기하려 하나요?

당시 나는 수없이 걸려오는 전화를 처리하며 당장이라도 모든 걸 그만두고 싶을 만큼 스트레스를 받았다. 하지만 전화를 끊고 나서 이

포춘 쿠키 문구를 쳐다보며 다짐하곤 했다. "포기하고 싶지만 오늘은 포기하지 않겠어. 내일 포기할 거야."

다행인 것은 그 '내일'이 결코 오지 않았다는 점이다.

나의 부자 아버지는 부자가 되는 일이 쉽다면 모든 사람이 부자가 되었을 것이라고 말하곤 했다. 사람들이 내게 부자가 될 수 있었던 최고의 비결을 물어볼 때마다 나는 다른 누군가의 지시를 받는 삶을 원치 않았다고 대답한다. 나는 자유를 간절히 원했다. 안정된 직장 같은 것은 필요 없었다. 내가 갈망하는 것은 재정적 자유였다. 네트워크 마케팅은 당신에게 그 자유를 가져다줄 수 있다.

타인에 의해 급여가 결정되고 출퇴근 시간을 지시받는 삶을 선호하는 사람이라면 네트워크 마케팅 사업은 어울리지 않는다.

진정한 성장

네트워크 마케팅 사업은 B 사분면의 사업이 될 수 있다. 그러나 '저절로' 그렇게 되는 것은 아니다. 그것은 당신에게 달려 있다.

B 사분면에 진입하고 싶어 하는 사람에게 네트워크 마케팅은 최상의 수단이다. 대개 E와 S 사분면에서는 잠재 수입이 '당신 개인'의 생산 능력에 따라 제한되지만, 네트워크 마케팅 사업에서는 네트워크의 크기에 비례하는 수입을 올릴 수 있다. 다시 말해 거대한 규모의 네트워크만 구축하면 엄청난 수익을 벌어들일 수 있다.

하지만 그저 네트워크 마케팅 회사에 등록만 한다고 해서 B 타입 사업의 소유주가 될 수 있는 것은 아니다. 그것은 네트워크가 커져야만 가능하다.

> 존 일반적으로 500명 이상을 고용해야 '대형 사업'이라고 할 수 있습니다. 그리고 이 500명은 대개 '피고용인'이라고 부릅니다. 그런데 중요한 건 그 사람들의 숫자입니다. 만약 당신이 500명 이상의 독립 사업자로 이루어진 네트워크를 만든다면 그것은 분명 '대형 사업', 즉 B 사분면 사업의 정의에 부합합니다. 그리고 네트워크 마케팅 사업은 500명 이상으로도 얼마든지 확장할 수 있는 시스템입니다. 개인의 네트워크 조직이 수천 또는 수만 명으로 성장하는 경우도 흔하며, '수십만' 명으로 이뤄진 네트워크도 심심찮게 볼 수 있습니다. 네트워크 마케팅을 처음 시작하는 사람들은 초기 단계의 네트워크를 통해 올린 수입을 '거저 얻은 수익'으로 여기는 실수를 저지르곤 합니다. 벌자마자 소비해 버리는 것이지요. 하지만 네트워크가 단 5명, 10명, 50명으로 이루어져 있다면, 심지어 100명이나 200명이라고 해도, 당신의 사업은 아직 형성 단계에 있다고 봐야 합니다. 아직은 '대형 사업'이 아니라는 얘기입니다.

네트워크가 500명 이상 규모로 성장한 후 수천 명을 향해 가고 있다면, 비로소 비활성 소득을 발생시키는 진정한 B 타입 사업이라고 할 수 있다. 그것은 단순히 생존 가능한 네트워크가 아니라 수입을 발생시키는 자산이 된 것이다.

다시 말해 네트워크 마케팅 회사에 등록한 후 당신의 네트워크가

500명 이상의 규모로 커질 때까지의 기간은 진정한 사업의 형성 단계이자 기반을 확립하는 시간이다. 긴 안목을 가져라. 그리고 부의 구축이라는 최종 목표에 시선을 고정시켜라.

시간

네트워크 마케팅 사업을 시작하면서 곧바로 수익을 올리길 기대한다면 아직 E나 S 사분면의 사고방식을 버리지 못한 것이다. 실제로 '하루아침에 부자 되기'라는 달콤한 말에 가장 쉽게 속아 넘어가는 것은 바로 E와 S 사분면의 사람들이다.

존　네트워크 마케팅에 '하루아침에 부자 되기' 같은 방법론은 없습니다. 이것은 비즈니스 활동이 단순한 편이지만 그 대신 시간과 노력이 필요한 사업입니다. 시간과 노력이야말로 비활성 소득을 창출하기 위한 기본 토대입니다.

직접판매협회에 따르면 네트워크 마케팅 사업 기회를 제안받았을 때 긍정적인 대답을 하는 사람은 평균 10명 중 1명입니다. 하지만 제안하는 독립 사업자의 경험이 많을수록 이 비율은 올라갑니다. 기억해야 할 것은 사람의 숫자가 많아져도 이 비율은 비슷하다는 점입니다. 10명을 만났을 때는 이와 같은 평균치를 체감할 수 없을지도 모르지만, 100명을 만나 보면 그 비율은 확연히 드러납니다.

그동안 일부 사람들은 네트워크 마케팅 사업을 부자가 되는 일종의 '지름길'이라고 홍보해 왔습니다. 물론 말도 안 되는 소리지요. 네트워크 마케팅에 종사하며 리더십 기술을 개발하고 비즈니스를 구축하여 진정한 부를 쌓은 사람들은 긴 시간을 들여 힘들게 노력했기에 그것이 가능했던 것입니다.

그러므로 빠른 시일 안에 결과물을 얻을 수 있다는 말에 현혹되지 마라. 이것은 눈속임 마술도, 6개월짜리 속성 사업도, 운에 맡기고 재미삼아 뛰어드는 모험도 아니다. 이것은 진지한 사업이다. 그것도 '당신의 인생'이 걸린 사업 말이다.

현실 세계의 일반적 기업에서는 3~6개월 안에 성과를 내지 못하면 해고당하기 십상이다. 다행히 제록스는 약간 너그러운 편이었다. 내가 일을 배우는 1년을 기다려 주었고 또 1년을 더 지켜봐 주었으니 말이다. 그 2년이 아니었다면 나는 직장 생활을 계속하지 못했을 것이다.

하지만 이 업계는 다르다. 네트워크 마케팅 회사가 당신을 해고하는 일은 발생하지 않는다. 그러니 스스로 당신 자신을 해고하는 짓은 하지 마라. 두세 달 또는 1년쯤 해 보고 나서 "이 일은 나한테 맞지 않는 것 같아." 하며 포기하지 말라는 얘기다. 네트워크 마케팅에는 충분한 시간이 필요하다.

로버트 존, 나는 사람들에게 "시간을 투자하라."고 조언하곤 합니다. 그러면 늘 이런 질문이 돌아오지요. "좋습니다. 그럼 시간을 '얼마나' 들여야 합니까?" 당신이라면 어떻게 대답하겠습니까?

존 저는 5년은 투자하라고 말합니다.

로버트 제 생각과 똑같군요! 사실 그건 '어떤' 종류의 사업에서든 마찬가지지요. 저는 그것을 '나의 5개년 계획'이라고 부릅니다.

5개년 계획

네트워크 마케팅 사업을 시작하려고 진지하게 고려하고 있다면, 배우고 성장하고 핵심 가치관을 변화시키고 새로운 동료들을 만나는 데 최소한 5년을 투자하기 바란다. 왜일까? 그것이 '현실적'이기 때문이다.

하워드 슐츠의 스타벅스, 레이 크록의 맥도날드, 마이클 델의 델 컴퓨터는 모두 오랜 세월의 노력 끝에 태어난 결과물이다. 위대한 기업과 위대한 비즈니스 리더가 탄생하기까지는 시간이 필요하다. 나역시 성공적인 B 사분면 사업을 구축하는 데 수년이 걸렸다. 당신이 네트워크 마케팅 사업을 구축하는 데에도 몇 년의 시간이 필요할 것이다. 네트워크 마케팅 사업이라고 해서 다르지 않다.

대부분의 사람은 장기적인 시각을 갖지 못한다. 광고에 세뇌되고 정기적 월급이라는 E 사분면의 가치에 익숙해진 그들은 즉각적인 만족을 원한다. 그러니 B 사분면에 첫 발을 들이려는 사람들이 대부분 '하루아침에 부자 되는' 방법을 원하는 것은 당연하다.

"네트워크 마케팅 회사에 등록한 지 일주일이 지났는데, 큰돈은 언제 만져 볼 수 있는 거야?"

기억하라. "하루아침에 부자 되기"라는 말은 모순이다. 풍성한 인간관계는 하루아침에 쌓이지 않고, 베스트셀러 소설은 하룻밤에 완성되지 않는 법이다. 무엇이든 풍성한 결과물을 얻는 데에는 시간이 필요하고, 이는 당연히 재정적 풍요로움에도 적용되는 진리다. 바로 이 때문에 B 사분면에 포함되는 사람이 매우 적은 것이다. 대다수 사람들은 돈은 빨리 벌고 싶어 하면서 시간을 투자하는 것은 꺼린다.

1만 시간이다. 계산해 보자. 하루 8시간씩 주 5일 일한다면 쉼 없이 '5년'을 노력해야 1만 시간을 채울 수 있다.

말콤 글래드웰은 저서 『아웃라이어』에서 어떤 분야에서든 뛰어난 성과를 달성하려면 약 1만 시간의 노력이 필요하다고 말했다. 빌 게이츠는 고교 시절부터 시작해 프로그래밍에 1만 시간을 투자했다. 비틀즈는 영국의 무명 밴드에 불과하던 시절 함부르크에 있는 나이트클럽에서 일주일 내내 하루 7시간씩 연주하며 대략 1만 시간에 달하는 연습을 했다.

글래드웰은 말한다. "1만 시간의 법칙이 정말 흥미로운 점은 이것이 사실상 모든 분야에 적용된다는 사실이다. 1만 시간을 연습에 투자하지 않고선 최고 수준의 체스 선수가 될 수 없다. 열일곱 살에 윔블던 대회에서 활약한 보리스 베커 같은 선수는 여섯 살부터 테니스 연습을 시작한 신동이다. 네 살에 바이올린을 잡은 클래식 음악가는 열다섯 살 정도가 되면 카네기홀의 무대에 설 수 있다."

1만 시간이다. 계산해 보자. 하루 8시간씩 주 5일 일한다면 쉼 없이 '5년'을 노력해야 1만 시간을 채울 수 있다.

다행히도 네트워크 마케팅을 정복하는 일은 최고 수준의 체스 선수가 되는 것과 다르다. 보리스 베커나 비틀즈, 빌 게이츠가 될 필요도 없다. 세계 최고의 1인자가 되지 않아도 괜찮다는 뜻이다. 하지만 비즈니스 기술을 완벽하게 익혀야 한다. 5년 동안 쉬지 않고 주 40시간씩 일할 필요는 없다. 그러나 비활성 소득을 창출하는 거대한 네트워크의 구축에 필요한 것들을 배우고 완전히 익히기 위해서는 충분한 시간을 허락해야 한다.

나는 '지금도' 이 5개년 계획을 활용한다.

새로운 것(예를 들어 부동산 투자)을 배우기로 결심하면 나는 지금도 5년이라는 시간 동안 그 과정을 습득한다. 주식 투자 방법을 배우려고 생각했을 때도 5년을 감안했다. 대개 사람들은 한 번 투자해 보고 얼마쯤 잃고 나면 바로 그만둔다. 그렇게 첫 번째 실수 앞에서 주저앉고 포기해 버리면 영영 배울 수 없다. 하지만 실패는 성공으로 가는 과정의 일부다. 성공하는 사람은 절대 실패를 겪지 않으며 어떻게 해서든 실수는 막아야 한다고 믿는 사람이야말로 실패자다. 실수는 귀중한 교훈을 얻을 수 있는 값진 기회다.

지금도 나는 될 수 있는 대로 많은 실수를 경험하는 데 5년의 시간을 허락한다. 더 많이 실수하고 거기서 깨달음을 얻을수록 더 현명해진다는 걸 알기 때문이다. 5년 동안 아무런 실수도 하지 않는다면 5

년 전의 나 자신보다 조금도 나아지지 않은 채 나이만 다섯 살 더 먹을 뿐이다.

아는 것을 버리는 일도 필요하다

이 사업에서는 배우는 것도 중요하지만 때로는 상당한 양의 지식을 '버리는' 일 또한 필요하다.

많은 사람이 E와 S 사분면에 확고하게 뿌리를 내리는 이유는 그런 생활을 편안하게 느끼기 시작하기 때문이다. E와 S 사분면이 본질적으로 더 편안한 공간이라는 뜻이 아니다. 무거운 세금을 내야 하고, 정신없이 일에 쫓기느라 자신만의 시간을 누릴 수 없으며 때로는 참을 수 없는 사람들과 함께 일해야 하는 등 여러모로 볼 때 이들 사분면의 삶은 실로 대단히 '불편'하다. 그런데도 사람들은 이곳의 삶을 편안하게 느낀다. 오랫동안 그런 삶의 방식을 체득했으며 그것이 그들이 아는 전부이기 때문이다.

네트워크 마케팅의 세계에 진입하는 순간 그 모든 것이 바뀐다. 전통적인 기업에서 일하거나 자영업을 하며 쌓은 경력은 네트워크 마케팅에서 별로 유용하지 않은 경우가 많다. 또 정해진 근무시간, 그것을 바탕으로 책정되는 시급이나 월급, 상사와 관리자들로 이루어진 계층 구조, 한정된 업무 내용, 범위가 한정된 고객, 일정한 공간의 근무지와 공장 등 전통적인 직장의 많은 요소들을 네트워크 마케팅 세계에서는 찾아보기 힘들다.

앞서 살펴보았듯이 당신이 만약 전통적인 세일즈에 몸담았던 사람이라면 네트워크 마케팅에서는 그 기술을 상당 부분 잊어버려야 할 것이다. 이 사업에서 중요한 것은 판매 능력이 아니라 '복제하는' 능력이기 때문이다.

관리자로 일했던 사람 역시 기존의 지식을 버리는 과정이 필요하다. 네트워크 마케팅에서는 사람을 고용하고, 해고하고, 지시할 일이 없기 때문이다. 이 21세기형 비즈니스는 완전히 새로운 역학을 통해 움직이며, 여기서 뛰어난 실력을 발휘하기 위해서는 옛날 방식과 습관을 잊어버려야 한다.

배우는 데 시간을 들이는 만큼 버리는 데도 시간을 투자하라. 어떤 사람들은 사분면의 왼쪽에서 오른쪽으로 이동할 때 가장 힘든 부분이 E와 S 사분면의 시각을 버리는 일이라고 토로한다. 일단 몸에 밴 구습을 버리고 나면, 변화는 훨씬 더 빠르고 쉽게 진행될 것이다.

결국 실천이 중요하다

원하는 모든 것을 계획하고, 검토하고, 배우는 일은 비교적 쉬울지 모른다. 그러나 오늘도, 내일도, 날마다 실천하며 행동으로 옮기는 사람만이 네트워크 마케팅에서 성공을 거둘 수 있다.

chapter 20

어떤 삶을 살 것인가

부자가 될 수 있는 요건은 무엇인가? 대부분의 사람은 이렇게 대답할 것이다. "물론 돈이죠!" 하지만 틀린 얘기다. 돈을 갖고 있다고 부자가 되는 것은 아니다. 돈은 언제라도 잃을 수 있기 때문이다. 부동산을 소유하는 것도 진정한 부자의 요건은 아니다. 부동산의 가치는 언제든 사라질 수 있기 때문이다. 최근 몇 년간 목격하지 않았던가?

그렇다면 부자가 되기 위해 필요한 것은 무엇일까? '지식'이다.

금빛 교훈

내가 젊었을 때 처음 경험한 투자는 부동산이 아니라 금이었다. 나는 이렇게 판단했다. "금은 유일하게 진정한 돈이다. 틀림없어!" 나는 1972년에 금화를 사들이기 시작했는데, 당시 금 가격은 1온스당

약 85달러였다. 그때 내 나이 스물다섯이었다. 내가 서른두 살이 되었을 때 금 가격은 1온스당 800달러에 가까워졌다. 내 재산이 거의 '10배'나 불어난 셈이었다. 만세!

흥분은 계속되었고, 탐욕은 고삐가 풀렸다. 금 1온스에 2,500달러까지 오를 것이라는 소문이 돌았다. 탐욕스러운 투자자들은 사재기를 시작했고 과거에는 금에 손도 대본 적 없는 초보 투자자들까지 가세했다. 나는 막대한 이윤을 남기고 금화를 매도할 수도 있었지만 금값이 더 오르길 기다렸다. 그로부터 약 1년 뒤, 금값이 온스당 500달러 아래로 떨어진 다음에야 나는 마침내 마지막 남은 금화를 팔았다. 금값은 계속 하락하여 1996년에는 결국 최저 275달러까지 떨어졌다.

금은 내게 큰돈을 안겨 주진 않았지만 돈에 대한 값진 교훈을 주었다. 나는 '진짜 돈'에 투자하고도 실제로 돈을 '잃는' 일을 경험하고 나서, 중요한 것은 유형 자산이 아니라는 사실을 깨달았다. 궁극적으로 부자가 되느냐 가난해지느냐를 좌우하는 것은 자산에 대한 '정보'다.

당신을 부자로 만들어 주는 것은 부동산도, 금도, 주식도, 근면도, 돈도 아니다. 그것들에 대해 '얼마나 아느냐'가 중요하다. 결국 당신을 부자로 만드는 것은 '금융 지능(financial intelligence)'이다.

금융 지능은 학문적 지능과는 거의 또는 전혀 상관이 없다. 학교 공부에서는 천재 소리를 듣는 사람도 금융 지능 측면에서는 얼마든지 멍청이일 수 있다는 얘기다.

1) 더 많은 돈을 버는 법을 알아야 한다

돈을 많이 버는 사람은 금융 지능이 높은 것이다. 1년에 100만 달러를 버는 사람은 1년에 3만 달러를 버는 사람보다 금융 IQ가 더 높다.

2) 돈을 지키는 법을 알아야 한다

세상은 당신의 돈을 빼앗으려 혈안이 되어 있다. 버니 메이도프 같은 금융 사기꾼들만 그런 것이 아니다. 가장 강력한 재정적 포식자 중 하나는 당신의 돈을 '합법적으로' 가져가는 정부다.

1년에 100만 달러를 버는 두 사람이 있다. 한 명은 그중 20퍼센트를 세금으로 내고 다른 한 명은 35퍼센트를 세금으로 낸다면, 전자의 금융 IQ가 더 높다고 할 수 있다.

3) 예산을 수립하는 법을 알아야 한다

많은 사람이 수입의 상당 부분을 호주머니에서 떠나 보내는 이유는 바로 부자가 아니라 가난한 사람의 방식으로 예산을 세우기 때문이다. 돈의 사용 계획을 세우는 데에도 금융 지능이 필요하다.

예를 들어 보자. A는 1년 수입이 12만 달러이고 B는 6만 달러다. 누가 더 금융 IQ가 높을까? A일까? 판단하기엔 아직 이르다. A는 매년 12만 달러를 '지출'하기 때문에 연말이면 원점으로 되돌아간다. 그러나 연 수입이 6만 달러에 불과한 B는 신중하게 예산 계획을 짜서, 5만 달러는 생활비로 사용하고 나머지 1만 달러는 어딘가에 투자한다. 나중에 더 큰돈을 보유하게 될 사람이 누구겠는가?

돈 관리 기술이 형편없는 사람에게는 온 세상 돈을 다 쥐어 줘도 아무 의미가 없다. 하지만 현명하게 예산을 수립하고 B와 I 사분면에 대해 배우는 사람이라면 막대한 재산, 그리고 무엇보다 중요한 재정적 자유를 향해 제대로 전진할 수 있다.

'소득 수준과 상관없이' 가계를 잘 꾸려 가면서 투자도 병행하기 위해서는 높은 수준의 금융 지능이 필요하다. 여유 자금을 확보하는 것은 적극적이고 지혜로운 예산 수립을 통해서만 가능하다.

4) 돈을 효과적으로 활용하는 법을 알아야 한다

여유 자금을 보유하기 위해 예산을 세웠다면, 그 다음 과제는 그것을 효과적으로 활용하는 것이다. 투자 수익 역시 금융 지능을 가늠할 수 있는 기준이다. 투자금액 대비 50퍼센트의 수익률을 올린 사람은 5퍼센트의 수익률을 올린 사람보다 금융 IQ가 높다. 그리고 50퍼센트 수익률을 달성하고 비과세 혜택까지 누린 사람은 5퍼센트 수익률을 달성하고 그중 35퍼센트를 세금으로 낸 사람보다 금융 IQ가 훨씬 더 높은 것이다!

대부분의 사람은 여유 자금이 생기면 은행이나 뮤추얼 펀드 포트폴리오에 넣어 두고 돈이 불어나기를 기대한다. 그러나 저축이나 뮤추얼 펀드보다 훨씬 더 좋은 방법이 있다. 높은 금융 IQ도 필요 없다. 그것은 바로 원숭이 한 마리를 훈련시켜 돈을 저축하고 뮤추얼 펀드에 투자하게끔 하는 것이다. 사람들이 직접 관여하는 탓에 저축과 뮤추얼 펀드의 수익률이 역사적으로 늘 비참한 성과를 보여 온 것이다.

멋진 인생을 살기 위하여

네트워크 마케팅에 도전하는 목적은 그저 돈을 벌기 위해서가 아니다. 여러 비즈니스 기술을 습득하고 금융 지능을 높여, 진정한 부를 구축하는 데에 여유 자금을 활용하기 위해서다.

하지만 그것도 최종 목적은 아니다. 부를 구축하는 궁극적인 목적은 멋진 인생을 살기 위해서다.

서로 다른 다양한 삶을 사는 사람들을 관찰한 결과, 나는 세 가지 방식의 인생이 있다는 사실을 발견했다. 이 세 가지 방식에는 각기 다른 세 감정이 수반된다. 또 세 가지 삶은 세 가지 상이한 재정적, 감정적 상태와 밀접한 상관관계를 지닌다.

두려움 속에 사는 인생

나는 파산이 어떤 것인지 누구보다 잘 안다. 이래저래 내 인생 최악의 시기였던 1985년에 대해서는 이미 설명했다. 당시 우리 부부는 극심한 재정적 곤궁 때문에 말 그대로 노숙자 신세가 되어 낡아빠진 토요타 자동차에서 지내야 했다. 그 당시 경험한 두려움은 너무나 강렬해서 온몸의 감각이 마비될 것만 같았다.

그것은 과거 언젠가 경험해 본 느낌이었다. 가난한 집안에서 자라면서 어린 시절에 느꼈던 기분과 똑같은 것이었다. 어린 시절의 대부분 동안 '돈이 넉넉하지 않다는 현실'은 우리 가족의 머리 위에 우울한 먹구름을 드리웠다. 생활난에 쪼들리는 것은 끔찍한 경험이었으며, 그것은 재정적인 부분 외에도 여러 가지 면에서 상처를 남겼다. 빈곤함은 자신감과 자존심을 무너뜨리고 삶의 모든 측면에 치명적 손상을 줄 수 있다.

분노와 불만에 휩싸인 인생

두 번째는 아침에 일어나면 일터로 가야 하기 때문에 짜증이나 불만을 느끼며 사는 삶이다. 특히 차라리 다른 일을 하고 싶다고 생각하며 사는 경우에는 이런 감정이 더 강해진다. 높은 보수를 받으며 좋은 직장에 다니지만 일을 그만둘 수 없는 사람이 이 부류에 속하곤 한다. 그들은 일을 그만두면 자신이 살고 있는 세상이 무너져 내릴 것이라고 생각한다.

이들은 이렇게 말한다. "도저히 회사를 그만둘 수 없어. 만약 그만두면 은행이 곧바로 모든 대출금을 회수하러 달려들 거야." 또 종종 이렇게 말한다. "다음번 휴가가 빨리 돌아왔으면." "은퇴까지 10년밖에 안 남았군."

기쁨과 평온, 만족감을 느끼는 인생

세 번째는 일을 하든 그렇지 않든 충분한 수입이 들어오리라는 것을 알기에 평온하게 살아가는 삶이다. 킴과 나는 사업을 처분하고 은퇴한 1994년 이후 그런 평온을 누리고 있다. 당시 킴은 서른일곱, 나는 마흔일곱 살이었다. 오랜 시간이 지난 지금도 우리 부부는 여전히 일을 손에서 놓지 않았다. 실은 '열심히' 일하고 있다. 이유가 무엇일까? 지금 우리가 하는 일을 사랑하기 때문이다.

어떤 일을 하든 그것과 상관없이 우리에게는 평생 충분한 수입이 발생할 것이다. 즉 '반드시' 일을 할 필요는 없기에 우리는 더없이 기쁘고 만족스러운 감정 속에서 살며, 그것 때문에 진정으로 좋아하는 일과 활동에 종사할 수 있다.

우리 부부는 언제나 함께 시간을 보낸다. 골프를 치든, 세계 곳곳을 돌아다니든, 긴 시간 회의를 하든, 우리에게는 그 모두가 즐거운 놀이이자 늘 꿈꿔 온 일이다. 우리는 늘 꿈꾸고 바랐던 인생을 살고 있으며 우리에겐 삶의 매 순간이 더없이 소중하다.

개미와 베짱이, 그리고 인간

앞에서 나는 '개미와 베짱이' 이야기를 잠깐 언급했다. 사람들은 두 가지 삶의 방식이 있다고 배우며 자란다. 하나는 착하고 겸손하고 부지런하고 검소한 개미처럼 살면서 미래를 위해 착실하게 저축하는 삶이다. 다른 하나는 무책임하고 방탕한 베짱이가 되어 미래에 대한 계획 없이 빈둥거리며 사는 삶이다.

어찌 보면 이런 이미지는 우리에게 좋은 영향보다 나쁜 영향을 더 많이 끼쳤다. 물론 책임감 있고 검소한 태도로 미래에 대비하는 일은 좋은 것이다. 그러나 개미의 삶을 보라! 당신은 정녕 거대한 개미 집단의 하찮은 일개미 한 마리가 되어 날마다 과자 부스러기나 조금씩 옮기면서 평생을 보내고 싶은가?

현실을 직시하자. 우리는 개미도 아니고 베짱이도 아니다. 우리는 인간이다. 인간이 누릴 수 있는 가장 풍요로운 삶을 기대하는 것은 마땅하고 합당하지 않겠는가?

부의 기본 원리를 깨우친다면, 지식을 이용해 돈과 시간과 집중력을 관리한다면, 큰 꿈을 꾸고 그것을 추구할 용기를 갖춘다면, 당신은 평범한 삶에서는 결코 경험할 수 없는 성공을 이뤄 낼 수 있다.

chapter 21

진정한 21세기형
비즈니스

내가 네트워크 마케팅을 높이 평가하는 이유 하나는 실로 평등한 기회를 보장하는 사업이기 때문이다. 네트워크 마케팅이 던지는 그 물망은 매우 넓다. 이 사업에 종사하는 사람은 세계적으로 6000만 명이 넘는데, 이들은 온갖 피부색, 종교, 연령, 배경, 경험, 기술을 지닌 다양한 사람들로 구성돼 있다.

이것은 네트워크 마케팅이 미래형 사업이라는 사실을 보여 준다. 21세기에 접어든 이후, 부의 구축이 제로섬 게임이 아니라는 사실이 그 어느 때보다 분명해졌다. 남들을 밟고 올라서야 부유해질 수 있는 것이 아니라는 얘기다. 진정한 부의 미래는 인류 전체의 재정적 행복을 증진하는 비즈니스 방식을 개척해야만 실현할 수 있다.

이것이 나의 개인적인 비즈니스 가치관이며, 네트워크 마케팅은 바로 이런 가치관을 공유한다. 그리고 이 가치를 지지하는 것은 그저 '기분 좋은' 일일 뿐만 아니라 '훌륭한 비즈니스'에 기여하는 길이기도 하다.

민주적인 부의 구축

내가 네트워크 마케팅을 지원하고 알리는 데 큰 힘을 쏟는 중요한 이유 하나는 이것이다. 부를 구축하는 기존의 다른 시스템보다 더 공정한 시스템을 갖고 있기 때문이다.

네트워크 마케팅 시스템은 누구나 부를 공유할 수 있게 설계되어 있다. 부를 창출하는 매우 민주적인 구조를 갖고 있다는 뜻이다. 그들의 시스템은 추진력과 의지, 끈기를 가진 사람이라면 누구에게나 열려 있다. 이 시스템은 당신의 학벌, 현재 소득 수준, 인종, 성별, 외모, 집안 배경, 인기에 전혀 개의치 않는다. 대부분의 네트워크 마케팅 회사에서 가장 중요하게 여기는 것은 배움, 변화, 성장을 갈망하는 당신의 의지, 사업 소유주가 되는 과정의 굴곡을 견딜 수 있는 근성이다.

네트워크 마케팅은 훌륭한 개념 그 이상의 무엇이다. 즉 여러모로 볼 때 미래의 비즈니스 모델이라 할 만하다. 이유가 무엇일까? 마침내 산업화 시대가 끝났다는 현실을 세상이 직시하고 있기 때문이다.

갈수록 불확실성이 늘어 가는 세상에서 네트워크 마케팅은 개인의 성취와 안정을 위한 새로운 엔진으로 부상하고 있다. 전 세계 수많은 사람들이 네트워크 마케팅 덕분에 자신의 삶과 재정적 미래를 지배할 기회를 얻었다. 이것이 바로 네트워크 마케팅 산업의 지속적인 성장을 예견할 수 있는 근거다. 구시대적 가치관에 함몰된 사람들은 아직 깨닫지 못하고 있지만 말이다.

앞으로 뛰어난 네트워크 마케팅 기업들이 곳곳에 진출하여 이 사업이 널리 퍼지고 성숙해 나갈 것이라는 게 나의 예상이다.

앞에서 나는 토머스 에디슨이 훌륭한 전구를 발명해서가 아니라 전구를 확산시키는 네트워크를 만들었기 때문에 부자가 되었다고 설명했다. 에디슨이 세운 회사에는 헨리라는 젊은 직원이 있었는데, 헨리는 전혀 다른 발명품(당시에는 실제적 효용이 별로 없어 보이는 물건이었다.)으로 에디슨과 유사한 맥락의 업적을 달성했다.

네트워크 마케팅은 그 구조적 특성으로 볼 때 대단히 공정하고 민주적이며 사회적으로 책임 있는 시스템을 통해 부를 창출한다

에디슨이 전구를 발명하지 않았듯, 헨리 포드는 자동차를 발명하지 않았다. 하지만 포드는 자동차의 운명을, 나아가 인류의 운명을 영원히 바꿔 놓은 급진적인 업적을 달성했다. 20세기 초에 자동차는 진기한 물건이자 부자들의 장난감이었다. 실제로 가격이 엄청나게 비싸서 부자만 소유할 수 있었다. 이런 시대에 포드는 자동차를 '모든 사람'이 이용할 수 있게 만들겠다는 혁신적인 생각을 했다.

생산 비용을 과감히 낮추고 조립 라인을 도입하여 표준화된 저렴

한 자동차를 대량생산함으로써, 포드 사는 세계 최대의 자동차 회사가 되었다. 포드는 자동차 가격을 크게 낮췄을 뿐만 아니라, 노동자들에게 업계 최고의 임금을 지불했고 이익 분배 제도를 통해 연간 3000만 달러 이상을 노동자들에게 재분배했다. 1900년대 초에 3000만 달러라니, 상상이 되는가!

포드는 "자동차를 민주화하자."라는 비전을 품었으며 이 비전을 실현하는 과정에서 엄청난 부자가 되었다.

네트워크 마케팅은 혁명적인 비즈니스 형태다. 지금까지 운 좋은 소수에게만 허락되었던 부를 역사상 처음으로 누구나 공유하고 누릴 수 있게 길을 열어 주기 때문이다.

물론 이 사업을 비방하는 사람들도 있다. 또 이 업계 내에도 강매하는 사람이나 사기꾼이 간혹 있다. 돈만 밝히는 비윤리적인 사람들 말이다. 그러나 네트워크 마케팅은 그 구조적 특성으로 볼 때 대단히 공정하고 민주적이며 사회적으로 책임 있는 시스템을 통해 부를 창출한다.

비판자들의 말에 괘념치 말기 바란다. 네트워크 마케팅은 탐욕스러운 사람에게는 그다지 적합한 사업이 아니다. 사실 네트워크 마케팅에서는 다른 이들이 부자가 되도록 도와야만 당신도 부자가 될 수 있다. 내가 보기에 이런 접근법은 과거 토머스 에디슨이나 헨리 포드가 이룬 업적만큼이나 혁신적이다. 구조적 특성상 이것은 타인을 돕기를 좋아하는 이들에게 가장 적합한 사업이다.

나는 덮어 놓고 탐욕을 비난할 생각은 없다. 약간의 욕심과 이기심은 바람직하다. 그러나 부에 대한 개인적 목표가 균형 감각을 잃은 채 상승하고 타인에게 피해를 입혀 가며 그 목표를 달성하고자 하는 행태는 용인될 수 없다. 나는 대부분의 사람들이 본성상 관대하다고 믿으며, 자신의 성취가 타인의 길을 가로막는 것이 아니라 타인의 성장에도 기여해야만 가장 큰 만족과 뿌듯함을 느낄 수 있다고 생각한다.

네트워크 마케팅은 그와 같은 관대함에 대한 욕구를 충족시켜 준다. 이 사업은 다른 동료들을 도와야만 성공적으로 작동하는 시스템을 통해 우리가 커다란 부와 재정적 자유에 이를 수 있는 길을 제시한다.

비열하고 탐욕스러운 방법으로 부자가 될 수도 있다. 또는 여유롭고 관대한 방식으로 부자가 될 수도 있다. 어떤 쪽을 택하느냐는 당신 내면에 있는 핵심 가치관이 결정할 것이다.

평화를 위한 경제적 토대

베트남 전쟁 당시 나는 헬리콥터를 조종하면서 전쟁이 어떤 것인지 온몸으로 경험했다. 전쟁이 일어나는 주요 원인 중 하나는 불공평이다. 부유층과 빈곤층 사이의 간극이 넓어질수록 평화로운 세상을 만들기는 어려워진다. 우리는 평화를 외치는 거리 행진을 하고, 평화를 지지하는 연설을 하고, 평화를 연구하는 위원회를 만들고, 평화를 소리 높여 촉구할 수 있다. 그러나 수많은 사람에게 더욱 많은 경제적 기회를 제공하지 않는 한, 우리가 외치는 평화를 실제로 실현할 수는 없다.

그 목표가 거대하기는 하지만, 네트워크 마케팅은 바로 그것을 이루는 데 기여하고 있다.

오늘날 많은 네트워크 마케팅 기업이 경제적 기회를 제공함으로써 전 세계에 평화를 확산시키고 있다. 이들은 세계의 대도시들에서만 번영하는 것이 아니라 여러 개발도상국에서도 사업을 진행한다. 그 과정에서 빈곤의 늪에 빠진 수많은 이들에게 재정적인 희망을 전달하고 있다. 이는 대개 전통적 기업들이 충분한 소비 능력을 가진 부자들의 지역에서 사업을 해야 살아남을 수 있는 것과 대조적이다.

이제 전 세계 모든 사람이 고되게 일해서 부자들의 배만 불려 주는 것이 아니라 공평한 기회를 통해 풍요로운 삶을 누려야 할 때다.

이제 당신도 그 기회를 붙잡아야 한다.

21세기에 온 것을 환영한다.

옮긴이 | 안진환

경제경영 분야에서 활발하게 활동하고 있는 전문 번역가. 1963년 서울에서 태어나 연세대학교를 졸업했다. 『영어 실무 번역』, 『Cool 영작문』 등을 집필했고, 역서로 『스티브 잡스』, 『로그아웃에 도전한 우리의 겨울』(공역), 『트럼프, 승자의 생각법』, 『넛지』, 『빌 게이츠@생각의 속도』, 『The One Page Proposal』, 『포지셔닝』, 『괴짜경제학』, 『미운오리새끼의 출근』, 『피라니아 이야기』, 『실리콘밸리 스토리』, 『전쟁의 기술』, 『애덤 스미스 구하기』 등이 있다.

부자 아빠의 21세기형 비즈니스

1판 1쇄 펴냄 2014년 2월 3일
1판 32쇄 펴냄 2024년 8월 15일

지은이 | 로버트 기요사키 외
옮긴이 | 안진환
발행인 | 박근섭
펴낸곳 | ㈜민음인

출판등록 | 2009. 10. 8 (제2009-000273호)
주소 | 06027 서울 강남구 도산대로 1길 62 강남출판문화센터 5층
전화 | 영업부 515-2000 **편집부** 3446-8774 **팩시밀리** 515-2007
홈페이지 | minumin.minumsa.com

도서 파본 등의 이유로 반송이 필요할 경우에는 구매처에서 교환하시고
출판사 교환이 필요할 경우에는 아래 주소로 반송 사유를 적어 도서와 함께 보내주세요.
06027 서울 강남구 도산대로 1길 62 강남출판문화센터 6층 민음인 마케팅부

한국어판 © ㈜민음인. 2014. Printed in Seoul, Korea
ISBN 978-89-6017-350-7 03320

㈜민음인은 민음사 출판 그룹의 자회사입니다.